Autor: Lauro Trevisan
Lançamento: novembro 2006 / revisado em fevereiro de 2011, com nova ortografia
Editora da Mente
Capa: Andrey Lamberty

T814f Trevisan Lauro
Faça sua vida dar certo / Lauro Trevisan - edição revisada - Santa Maria : Editora e Distribuidora da Mente, 2012.
176p.
ISBN 978-85-7151-047-4

1. Autoajuda 2. Psicologia-Motivação I. Título

CDU 159.962.7

Ficha Catalográfica elaborada pela Bibliotecária Eunice de Olivera - CRB 10/1491

Editora da Mente

Editora e Distribuidora da Mente Ltda
Rua Tuiuti, 1677 – caixa postal 559
97015-663 – Santa Maria – Rs – Brasil
Fone: (0xx55)3223.0202 Fax: (0xx55)3221.7184
E-mail: mente@editoradamente.com.br
Internet: www.editoradamente.com.br
Autor: laurotr@uol.com.br

LAURO TREVISAN

Faça sua vida dar certo

5ª Edição
2012

Editora e Distribuidora da Mente
Santa Maria - Rs - Brasil

Num certo verão da minha juventude, veraneava na Ilha do Mel, perto de Paranaguá, no estado do Paraná. Já tinha visitado a Gruta das Encantadas, o Farol, o Forte e outros locais bonitos. Certa manhã, um senhor me falou sobre o Pico do Marumbi, de cerca de dois mil metros de altura, situado em meio à Serra do Mar, entre Curitiba e Paranaguá. O homem atiçou meu espírito aventureiro. Consegui, a duras penas, convencer dois colegas, o Clementino e o Ernesto, a me acompanharem na façanha da escalada do famoso pico.

Nunca esqueço aquele anoitecer chuvoso, quando descemos do trem na bucólica Estação de Marumbi. Pedimos para dormir num espaço qualquer da estação ferroviária e, cedo da manhã, solicitamos ao guarda informações sobre a subida que pretendíamos iniciar. O guarda franziu os sobrolhos, nos olhou com ar penalizado e tentou nos dissuadir, avisando que era empreitada extremamente difícil e perigosa, principalmente devido à nossa total inexperiência. Para carregar mais as tintas, contou episódios de desatinados aventureiros que se perderam na cordilheira, sofrendo o diabo até serem resgatados. Só o que tínhamos a dizer ao cauteloso guarda era que estávamos lá para escalar o pico e não iríamos desistir. Atravessamos o riacho e nos embrenhamos na mata, rumo ao mais alto pico da Serra do Mar. No meio da manhã, chegamos ao cume do Pico do Facão. Lá no alto, as pequenas placas de sinalização estavam caídas. Andamos para cá e para lá, tentando descobrir a trilha do Marumbi. Nesse vai-vem, passei a dois palmos de uma vigorosa cascavel, que dormia ao sol, enrolada numa moita. O susto foi grande. Um ataque da cobra e estaria frito. Chocalhou o guizo com autoridade e eu tratei de bater em retirada. Enveredamos por um declive acentuado. Foi um erro, pois, quando percebemos, estávamos novamente embaixo, exatamente no ponto de partida. Não perdemos o humor e nem a coragem. Voltamos a subir, dessa vez pela chamada trilha Frontal, a mais difícil, só enfrentada pelos experientes marumbinistas de Curitiba. Sofremos, enfrentamos momentos de perder o fôlego, nos agarramos a correntões fixados em pontos inacessíveis e, por fim, chegamos ao topo. Foi a glória.

Esse episódio traz certos condimentos da vida. Com certeza, você, algumas vezes, sentiu o coração pular de entusiasmo ao criar algum projeto de vida. Imaginou-se vencedor, herói dos sete mares, gladiador imbatível. Já vislumbrava o sucesso estrondoso do seu objetivo e a coroa de louros adornando sua cabeça. Mas aí aparece um guarda qualquer e coloca poeira no seu ventilador, desfaz sua capacidade de sucesso, joga na sua cara, com sutileza cavalar, que você não tem tanta competência, que não vai dar certo e que, se tentar, dará com os burros n'água.

É assim que morrem na casca muitos ideais.

Pergunto: O seu projeto nasceu sob o signo do coração? Está a ideia entranhada na sua mente? Os passos que dará na direção da meta lhe causam prazer e gana de seguir em frente, custe o que custar?

Imagine você o que teria acontecido comigo

se tivesse dado ouvidos ao guarda da Estação Marumbi. Jamais teria o prazer de contar essa façanha. A visão acalentada na Ilha do Mel, o esforço aventureiro de pernoitar na solidão da Estação Marumbi, o desejo de chegar ao topo do mais alto pico da Serra do Mar, teriam ido água abaixo, juntamente com duas máquinas fotográficas e uma bolsa com pão e salame.

Uma outra consideração que merece destaque: quando se tem um plano e se acredita nele, não se olha para as pedras do caminho. Vou lhe contar que a escalada do Marumbi foi difícil! Houve momentos em que tínhamos de atravessar uma passarela estreitíssima entre a rocha e o abismo. Ocorreram situações em que era preciso confiar em correntes que apareciam de um ponto misterioso no alto de uma rocha, sem a garantia de que a ferrugem não tivesse corroído os anéis, ao longo dos anos. E ainda sobrava um certo arrepio ao olhar para baixo e apenas ver um vazio que se perdia no descampado da montanha.

Mas, como escreveu Orison Swett Marden: "Se você tem um plano e acredita nele, ele dá certo".

Não será você dessas pessoas que não ousam um palmo sequer?

Têm indivíduos que não aceitam correr risco nenhum. Resultado: ficam na mesmice. Aprendi, de pequeno: "Quem não arrisca, não petisca".

Há uma frase sábia, que diz: "Se você vai aonde os outros já foram, chegará onde os outros já chegaram".

O genial cientista Albert Einstein, (1879-1955), nasceu na Alemanha e morreu nos EUA. Era físico e matemático, autor da Teoria da Relatividade. Disse ele: "Não há maior sinal de loucura do que fazer a mesma coisa repetidamente e esperar, a cada vez, um resultado diferente".

Descubra o "ponto G" da vida

É preciso navegar, você sabe disso. Ninguém nasce sem finalidade cósmica, sem missão especial e única. Aqueles que ficam à deriva, não é porque houve falha na programação, mas porque ainda não descobriram o seu "ponto G" da vida, aquele ideal que vem impregnado de energia prazerosa. Não consigo entender a psicologia daquelas pessoas que acham que todo ideal carrega, em seu bojo, luta, sofrimento, sacrifício e imolação. Longe disso. Todo ideal tem o seu "ponto G". Quando escalei o Pico do Marumbi, não liguei para os arranhões, a chuva que caía, as rochas agressivas nos barrando os passos, os rasgões na roupa que se tornou imunda, o medo instilado pelo guarda, a trilha equivocada, a cascavel a um palmo dos meus pés: a vontade de escalar, a aventura do desconhecido, a alegria da conquista, o prazer de chegar ao topo – tudo isso era fonte de adrenalina impulsionadora e endorfina prazerosa, mesclada com a serotonina do bem-estar.

Joguei futebol durante muito tempo e até fui campeão santa-mariense de futsal. Não é preciso falar sobre caneladas, empurrões, carrinhos violentos, choques frontais, cansaço de tanto correr, mas nem por isso jogar futebol deixava de ser um prazer compensado pelas endorfinas liberadas pela estimulação cerebral.

Quando você se lançar à realização do seu verdadeiro projeto existencial, os anjos dirão amém e uma nuvem de alegria cobrirá seus passos. As dificuldades e percalços não serão dificuldades e percalços, mas capítulos benéficos na sua escalada vitoriosa.

Entusiasmo

O seu medo de fracassar rotundamente será neutralizado por essa afirmação de Napoleão Bonaparte, grande general, imperador francês: "O entusiasmo é a maior força da alma. Conserva-o e nunca te faltará poder para conseguires o que desejas".

Por que chegamos ao Pico do Marumbi? Simplesmente porque estávamos fascinados com a ideia de escalá-lo. Era um sonho forte e poderoso, que mexia com as fibras do coração.

Um projeto, para dar certo, precisa de entusiasmo. Entusiasmo é a marca de Deus no coração, a dizer: "Vá em frente, eu estou com você!"

O entusiasmo gera certeza. É energia pura. Rompe barreiras.

Quando a sua vida está estagnando, busque o fogo do entusiasmo.

Se você percebe que anda parado que nem água de poço, é sinal de que sua vida não está dando certo. Falta algo, falta fogo, falta um ideal que arranque você da cadeira e o empurre para o seu caminho, como tsuname irresistível. Não, não é retórica. Nem poesia. Muito menos utopia. Existe em você um vulcão adormecido. Basta que uma força interna o faça explodir e nada mais o deterá.

Muitos gênios nunca foram mais do que vulcão adormecido: morreram sem explodir sua genialidade; outros, no entanto, deixaram-se levar pela lava quente que desbordava do coração e seus feitos hoje são cantados em prosa e verso, pela humanidade. Mais do que isso, ajudaram a tornar o mundo melhor.

Você pode estar pensando assim: "Quem sou eu para me comparar aos gênios do mundo?"

Gênio você é. Por certo, um gênio que não se encontrou. Um gênio à procura de si mesmo. Um gênio de portas fechadas. Mas é um gênio, da dimensão do infinito.

Onde nasce o entusiasmo

Sabe você a origem da palavra entusiasmo? É vocábulo originário do idioma grego: en-Teós; en significa dentro, Teós significa Deus. Entusiasmo: Deus dentro de si. Ora, Deus dentro de você, como Poder e Sabedoria, é a certeza de que sua palavra tem força criadora e realizadora. Esta é uma boa notícia para você ter certeza de que agora sua vida dará certo.

Pesquise comigo: onde nascem o entusiasmo e a energia criadora? Por outras palavras, qual é a origem do entusiasmo e da energia?

Pois bem, a fonte do entusiasmo e da energia está no pensamento-sentimento. Concorda? De repente, jorram pensamentos incandescentes que vão formando uma realidade mental; essa realidade mental ganha vida através do sentimento, e vida é ação divina – o Deus dentro – de tal forma que você sente ímpetos incontidos de fazer com que se expresse essa realidade no lindo universo de Deus. Então, você se nutre dessa energia, ilumina-se dessa Luz, move-se por essa força, e o pensamento-sentimento-entusiasmo se materializa. E você sorri e agradece a sua obra, resultante de sua condição de um deus. Aliás, é bom lembrar que Jesus havia revelado: "Vós sois deuses".

Você é um deus

Agostinho de Hipona, (354-430), grande mestre espiritualista, escritor exímio, pensador profundo, santo, bispo, escreveu: "Deus se fez homem para que o homem se tornasse deus". Entendo que o homem não se tornou deus pelos ensinamentos de Jesus, mas reconheceu que é deus, pela revelação de Jesus. O Mestre foi claro e direto: "Vós sois deuses!" "Vós sois". Você é. Pensando nisso, como fica seu complexo de inferioridade? Como ficam suas queixas de que a vida é ilusão? E sua tese de que Deus criou o ser humano e o deixou às traças? Cure a sua miopia intelectual e fixe um cartaz no seu coração, com estas palavras de fogo: "Aqui mora o Deus que me eleva e dá suporte ao meu poder criador".

Entusiasmo – o Deus dentro.

Entusiasmo - energia do coração, que aciona o poder realizador.

Mente e coração

Como você viu, tudo nasce do pensamento criativo, inflamado pela energia do sentimento.

Pensamento tem a ver com a mente; sentimento é coisa do coração.

A mente dita as regras, o coração move à ação.

Mas, mente e coração não sejam dois compartimentos contíguos e sim uma unidade indissolúvel, porque a mente sem o coração é seca e o coração sem a mente, é manteiga derretida. Coração é balão colorido, inflado, dançando nas alturas; a mente é o piloto que comanda o balão e desfruta da paisagem.

Pensamento-sentimento, mente-coração - eis a unidade equilibrada.

Todo projeto bem-sucedido vem envolto na embalagem mente-coração. Quanto mais se reforça a embalagem, mais longe ele pode ir sobranceiro, sem desfazer-se nas quedas, nas manipulações e no desinteresse dos outros.

O pilar da sabedoria

Pois é, não sei se você já percebeu que o ser humano foi criado por Deus sobre quatro pilares básicos: sabedoria, para criar e discernir; liberdade, para escolher; poder, para realizar; e felicidade, como estado de ser. Por ora, quero dizer-lhe que você é sábio, naturalmente sábio. Tenho uma frase, que gosto de repetir: "Todo mundo é sábio, mas cada um no seu setor". O engraxate provavelmente sabe mais do seu ofício do que um médico. Por outro lado, ele não possui uma unha do conhecimento que o médico tem da sua profissão.

O cientista Galileu Galilei, astrônomo e matemático, (1564-1642), aquele que disse que a terra gira em torno do sol e quase virou assado na fogueira da Inquisição, afirmou, do alto de sua sabedoria: "Você não pode ensinar nada a um homem; você pode apenas ajudá-lo a encontrar a resposta dentro dele mesmo".

Então, vamos combinar que você tem sabedoria, é um gênio, mas como uma pérola escondida por entre a borra dos derrames geológicos.

Para começo de conversa, avise a si mesmo que tem a genialidade dos grandes homens. Dê um soco na sua testa e proclame para si que tem capacidade de realizar todos os ideais que iluminam seu mundo interior. Na verdade, toda grande ideia que nasça da sua mente é lampejo do seu infinito, por isso, não somente você pode, como deve realizar. Se não materializar seus sonhos maiores, ninguém o fará por você e o mundo se tornará inferior.

Faça sua vida dar certo. Vá ao encontro dos seus sonhos e projetos.

Lembre-se que, se os outros puderam, você também pode, pois somos todos feitos da mesma dimensão. As diferenças ficam por conta da fé de cada um.

A fé que move montanhas

Vem ao caso dizer aqui que a fé abre caminhos, remove montanhas, produz milagres, tudo alcança e manda às favas qualquer espécie de impossível. Por falar nisso, fique de sobreaviso com aqueles que jogam impossíveis para cima de qualquer projeto. Esses não são exemplo para nada. Descarte-os. Como dizia Jesus, não fazem e não deixam os outros fazerem.

O Mestre já alertava sobre a necessidade de construir a casa sobre rocha. A casa são seus ideais, os sonhos grandiosos que fazem seus olhos brilhar como sol do amanhecer. Assim fazendo, podem desabar tempestades, aguaceiros, ventanias e a casa permanecerá incólume.

Aqui despontam duas qualidades imprescindíveis

para quem deseja fazer a vida dar certo: determinação e persistência.

Determinação e persistência

Thomas Alva Edison, grande inventor, deu este conselho: "Nossa maior fraqueza está em desistir. O caminho é tentar mais uma vez".

Um projeto claro e definido, incendiado pelo entusiasmo, fortalecido pela determinação e sustentado pela persistência, infalivelmente chegará a bom termo. Sempre dará certo, a não ser que seja descabido, como aquele sujeito que quis fazer uma cruza de cavalo com vaca. Não deu resultado: não puxava carroça e nem dava leite.

Não sei se você já notou que a persistência é a outra face do entusiasmo. Ambos são verso e reverso da mesma moeda. Onde há entusiasmo, há persistência.

Pensamento reforçado

Muitos reforçam o pensamento-sentimento, reatando-o positivamente várias vezes. O reforço o protege e dá garantia de chegar vitorioso ao destino desejado.

Isaac Newton nasceu em 1643, ano da morte

de Galileu, e morreu em 1727, em Londres. Foi matemático, astrônomo e filósofo. Certa feita, um estudioso perguntou-lhe como conseguira fazer os descobrimentos astronômicos mais fantásticos da história.

Newton respondeu:

"Pensando neles sem parar".

Eis aí uma revelação: o pensamento reforçado, aprofundado, ganha proporções e dimensões inimagináveis.

Vêm a propósito algumas sugestões: crie uma frase, um slogan, uma imagem do seu ideal de vida, uma grife pessoal e solidifique-os mentalmente. Ate-os e reate-os todos os dias. Se não quiser usar todos esses métodos, escolha um apenas. Repita-o várias vezes ao dia. A repetição age de forma poderosa sobre o subconsciente, tornando-se verdade mental. Ora, toda verdade mental materializa-se. Não será demais repetir aqui aquela velha sabedoria: "Até uma mentira repetida muitas vezes se torna verdade". Por sinal, não se trata de mentira, mas de programação mental. É lógico que, sempre que você criar uma programação mental, ela será diferente do que está acontecendo na sua vida. Você já ouviu várias vezes esta frase, que vale aqui como bom argumento: "Se você continua pensando como sempre pensou, continuará acontecendo o que sempre aconteceu".

O conhecido e muito citado filósofo-poeta norte-americano Ralph Waldo Emerson escreveu que "o pensamento é a semente da ação". Uma semente minúscula de eucalipto, por exemplo, contém uma imensa árvore forte, resistente, vigorosa, capaz de reproduzir uma floresta de árvores da mesma espécie. Pensamento é semente; semente é energia vital que se expressa de acordo com sua essência.

Quem disse que você não tem capacidade, nem força, nem energia? Você tem poder de pensar, portanto tem poder de criar; se tem poder de criar, tem poder de realizar. Na semente do pensamento está a gigantesca árvore da sua autorrealização.

Como dizem os estudiosos, ao pensamento segue-se a reação; à reação segue-se a ação; e à ação segue-se a materialização.

Ponha a ambição a seu favor

Gostaria de fazer uma revelação a você, neste momento: existe, no ser humano, um componente primitivo de força imponderável, que pode ser aproveitado positivamente. Chama-se ambição.

Digamos que entusiasmo é energia do alto; ambição é energia da terra.

Entusiasmo é luz que nasce das estrelas; ambição é força de furacão.

Entusiasmo sempre leva para frente e para cima; ambição pode levar para cima, para baixo, para frente, para trás, dependendo do controle que se tem sobre ela.

Ambição é força atômica. Deve ser usada para produzir energia benéfica à humanidade, mas um louco pode manipulá-la como fator de destruição.

Enxerte ambição no seu entusiasmo e nada deterá sua marcha altaneira.

Ponha a explosão da ambição no estopim do entusiasmo e você abrirá caminho para grandes feitos, descobertas científicas, conquistas incontestáveis e resultados gloriosos.

A ambição não conhece obstáculos, rompe-os, com garra e determinação.

O ambicioso vê o resultado ainda antes de dar o primeiro passo e desmantela tudo que possa barrar-lhe o caminho. É o instinto da vitória a qualquer preço. Entusiasmo, no entanto, é energia pura, enTeós.

A fusão entusiasmo-ambição é como a energia que ilumina cidades, movimenta indústrias, aciona veículos, levanta pontes, constrói edifícios, torres, barragens, e produz lavouras.

Ambição sem sentimento é ganância, psicopatia, prepotência.

Ambição com sentimento é idealismo.

Ambição fundida no entusiasmo é a explosão dos grandes feitos.

Ambição sem entusiasmo é força bruta.

Amor: matéria-prima do coração

Sentimento é matéria-prima do coração. Quando o sentimento mescla-se com o entusiasmo, forma-se a lava incandescente do amor. É por isso que amor é energia divina, é heroísmo, é encantamento, é luz, é força irresistível, é universo. Amor, em resumo, é felicidade. Como dizia Jesus, é reino dos céus.

Quando você atingir esse clímax, sua vida passará a dar certo. Chegou ao ponto ômega, na linguagem de Teilhard de Chardin.

Como num passe de mágica, você virou príncipe encantado. Conseguiu abrir os olhos do coração. Acabou a cegueira que fazia você tropeçar em postes, cair na lama, dar cabeçada nas paredes, brigar com o mundo, chorar suas mágoas e esconder-se no fundo do poço. Houve um renascimento principesco. Você se sente uno com o universo, a humanidade e Deus, irmão das estrelas, das flores, dos animais. Percebe com nitidez solar que amor não é mandato e sim a verdadeira realidade. Os seres humanos que cruzam no seu caminho já não são marcianos, nem estrangeiros, muito menos desmancha-prazeres ou empecilhos; já não são seu inferno, como vituperava Sartre, mas luzes do mesmo sol, flores da mesma árvore. Esse sentimento iluminado faz com que você seja tomado de encanto ao contemplar uma flor e sinta até o fundo da alma a fragrância do seu perfume. Isso lhe causa uma inusitada sensação de felicidade e plenitude. Nesse momento, o cérebro responde desencadeando torrentes de endorfinas e você se sente o próprio paraíso. Esse ser que nasceu de você, como a fênix que renasce das próprias cinzas, será incapaz de ódios, mágoas, frustrações, desencantos, estresses, depressões. Essas turbulências passam aqui embaixo, no rés-do-chão, mas você está mais no alto.

Inundado dessa misteriosa sensação extasiante, você proclama aos quatro cantos da terra: "Claro que a felicidade existe. Eu sou felicidade".

Nesse estado, você acredita no que a poetisa inglesa Elizabeth Barrett Browning, (1806-1861), escreveu: "A terra está recheada de céu".

Amor é felicidade

Não resisto à tentação de citar, mais uma vez, uma frase genial de Bhagwan Shree Rajneesh, mais tarde chamado Osho, (1931-1990), famoso guru indiano, conferencista prolífico: "O amor é uma qualidade inerente ao celestial. Quando você ama é feliz e sua felicidade mostra que você está amando". (A Semente de Mostarda).

Amor é o princípio de tudo, a razão de tudo e o fim de tudo - dizia Lacordaire, famoso orador, deputado e padre francês.

O amor faz a plenitude do ser humano. E plenitude significa harmonia integrada entre espírito, mente, coração e corpo. Essa simbiose abençoada produz a mais alta realidade humano-celestial. É a sinfonia radiante e irradiante; a mente e o coração cantando para o corpo, sob a linha melódica do espírito, e o corpo reagindo festivamente entre transbordamentos de dietilaminas, serotoninas, endorfinas, oxitocinas e outras substâncias que fluem pelo sangue, tornando prazerosa a vida. Saúde pura. Felicidade plena.

Entusiasmo-ambição-motivação

A fusão entusiasmo-ambição-motivação

estimula a liberação de serotonina, neurotransmissor ligado à sensação de prazer e bem-estar.

Ambição desmesurada desanda em autoritarismo, tirania, ganância, arrogância, megalomania. É vista escancaradamente em políticos e executivos que sobrepõem seus interesses a tudo mais; nos marginais que buscam riqueza por qualquer método violento; nos que prejudicam outros para alcançar seus objetivos; nos advogados que decidem ganhar a causa a qualquer preço, mesmo ao custo da injustiça e do sofrimento alheio; nos que cometem fraude nos esportes para chegarem ao triunfo; assim por diante.

A religião não vê com bons olhos a ambição. Então, vamos distinguir entre a ambição instintiva incontrolada, que faz o fim justificar os meios, e a ambição positiva, carreada como força propulsora na conquista de ideais e metas grandiosas. O entusiasmo, na sua dimensão mais poderosa, pressupõe a energia natural, instintiva, límbica, da ambição. Ambição sem controle e sem ética é um desastre.

Você, pessoalmente, ao saber da força vulcânica da ambição, usa-la-á para pisar sobre o pescoço de adversários e transformar o mundo em terra arrasada ou para sua autorrealização benfazeja?

Se dinheiro traz felicidade

Em pesquisa feita, há vinte anos, Mark Albion, especialista em marketing, perguntou a 1.500 jovens que concluíam a MBA o que iriam fazer da vida. Em resposta, 83% disseram que finalmente se dedicariam a "ganhar dinheiro". Os outros 17 % afirmaram que fariam algo que lhes desse "satisfação e realização pessoal". Hoje, vinte anos depois, dos 1500 jovens, 101 são milionários e, destes, 100 pertenciam ao grupo dos 17 %, aqueles que fariam algo que lhes desse satisfação e realização pessoal. Este resultado é bem significativo.

Talvez você não tenha atinado, mas buscar o dinheiro pelo dinheiro é como atirar no verde para acertar no maduro.

Por que os que se entregaram ao afã de ganhar dinheiro não tiveram tanto êxito quanto os que se dedicaram à autorrealização? Vou responder-lhe com uma pesquisa feita pelos economistas Paul Frijters, da Universidade Nacional Australiana, e Ada Ferrer-I-Carbonel, da Universidade de Amsterdam, sobre a velha questão se o dinheiro traz felicidade. Concluíram: "Segundo nossos estudos, são as pessoas felizes que atraem o dinheiro para si, não o inverso". Este resultado foi extraído de 30.000 questionários respondidos por 7.500 alemães, durante toda a década de noventa.(Veja, 04.08.2004).

Se você decidiu que toda sua energia será direcionada para ganhar dinheiro a fim de ser feliz, observe que as pesquisas lhe sugerem o contrário. A explicação é que a matéria, em si, não tem capacidade de satisfazer o íntimo de alguém. Como não satisfaz, o indivíduo estará sempre ansioso por ganhar mais e mais, guardar mais e mais, ter mais e mais, na expectativa de fundir riqueza e felicidade. Como sempre faltará um pedacinho para chegar lá, terá que conviver com processo angustiante e estressante. É sabido que o estresse leva à depressão e esta empurra o indivíduo para o fundo do poço. O feitiço se virando contra o feiticeiro: gastará sua riqueza para recuperar a saúde e a felicidade.

Espere um pouquinho, não conclua apressadamente que lhe estou sugerindo jogar fora o dinheiro e entrar num convento. Por sinal, até em convento de freiras carmelitas o dinheiro faz bem e resolve as questões práticas da vida. O que pretendo dizer-lhe é que seja feliz. E seja feliz com toda a riqueza que desejar. Jesus já ensinava que não adianta ganhar fortuna se vier a perder a vida e eu lhe digo que de nada serve ser o mais rico do cemitério. No outro dia, me contaram essa piada: "Se dinheiro não traz felicidade, me dá o teu dinheiro e vai ser feliz onde quiseres". Mas os que insistem em tirar o leite da felicidade da vaca do dinheiro verão frustrados seus esforços. O tempo em que o dinheiro faz você feliz é do tamanho da felicidade proporcionada por um churrasco regado a vinho de primeira. Para evitar que você entenda mal o que estou dizendo, anote: dinheiro é matéria, jamais conseguirá entrar na sua mente e no seu coração. Portanto, não é causa de felicidade. No entanto, é fundamental para lhe oferecer as melhores condições de vida.

Riqueza

Ter vida confortável, dinheiro à vontade, para as necessidades, moradia, viagens, lazer, férias, doações, cuidados de saúde, festas, aniversários, cursos, livros, e principalmente para empreendimentos e realizações de projetos de vida, não só é bom como importante. Ter riqueza é participar das benesses que o Criador reservou a cada um de seus filhos.

Lembre-se que o caminho da riqueza é de dentro para fora. O mundo que você cria na mente, há de se expressar na realidade física.

Riqueza é resultado de seu ato criador. Use sua sabedoria, liberdade e poder para alcançar a dimensão material que seja ótima para si e benéfica à humanidade e ao planeta. Nada do que prejudica intencionalmente os seres humanos e o planeta fará sua riqueza. Se buscar a realização material prejudicando alguém, estará desnudando seu próprio irmão; por outro lado, enriquecer depredando o planeta, é o mesmo que querer construir sua casa, destruindo-a. Minha intenção é que você faça a sua vida dar certo.

Em tudo, na vida, é preciso levar em consideração a harmonia interna e externa. Harmonia externa significa equilíbrio ecológico. Mas, o equilíbrio ecológico dependerá do estado harmonioso do coração. Se você não abrigar amorosamente, no seu coração, pássaros, animais, aves, plantas, flores, lagos, montanhas, águas, vales, a natureza enfim, também não terá a mínima consideração pelo meio ambiente. Seja feliz e seu coração será um jardim florido, inundado de belezas e perfumes sem fim.

Faça sua vida dar certo

Que significa dar certo?

Significa obter sucesso em tudo aquilo que você deseja de bom.

Dar certo é contraposição ao fracasso, à frustração e à desilusão.

Dar certo é estado de harmonia mental, emocional, espiritual e física.

Dar certo é autorrealização.

Dar certo é ter crenças positivas.

Dar certo é acordar em altoastral.

Dar certo é acreditar em si e na sua capacidade de ser o que quer ser e ter o que deseja ter.

Sua vida foi feita para dar certo. Se houve desvio, acerte agora.

Quando você se defronta com um obstáculo que lhe pareça maior do que suas forças, use a imaginação para anulá-lo. Como o subconsciente não distingue entre imagem e realidade, aplique o artifício de diminuir mentalmente o tamanho do obstáculo. Transforme monstros em ratinhos, montanhas em pedrinhas soltas, rios em arroios insignificantes.

O contrário também é verdadeiro: contraponha a um defeito forte uma qualidade oposta mais forte ainda. É a velha máxima de que o maior engole o menor. Submeta sua dependência a drogas, a uma força superior invencível.

O filósofo Baruch Spinoza, (1632-1677), dizia: "Não é uma ação que vence uma paixão. É uma paixão mais forte que vence outra mais fraca".

Ser feliz ou infeliz eis a questão

Pobre felicidade, essa donzela linda, radiante, sensual, sorridente, serena, amorosa - e tão caluniada, tão diminuída, tão ignorada! Falam tão mal dela, que até parece a gata borralheira. Já escrevi vários livros e dei cursos sobre felicidade, mas, por incrível que pareça, é tema que não fascina tanto a humanidade.

As pessoas andam tão fora da realidade que falar de felicidade é o mesmo que falar de extraterrestres. Quem quer ler algo sobre extraterrestres? Alguém quer sair de casa para participar de jornada sobre alienígenas? Não lhe parece que ocorre algo parecido quando se fala em felicidade? Jogo uma cerveja que você não sairia de casa, ou do bar, para ouvir uma palestra sobre felicidade. Mas, não se considere o último dos moicanos, a maioria das pessoas pensam como você. E o que disseram da felicidade! Mais mal falada que a mãe Joana. Felicidade – dizem por aí - é bobagem, utopia, assunto para quem não tem o que fazer, coisa de desocupado, alienação, esquizofrenia.

Felicidade, perdoa-os porque não sabem o que dizem!

Ainda hoje há quem não acredita que o

homem tenha pisado na lua. Essa gente me lembra aquele colono, encantado com a velha máquina de debulhar milho, que exclamava extasiado: "Depois que inventaram a máquina de debulhar milho, nada mais se pode inventar!"

Assim, muitos literatos e ignorantes tratam a felicidade. Tratam não, maltratam-na. Dizem que ela não existe, que temos que aprender a conviver com as próprias dores, com os fracassos, com as frustrações, com os desencantos da idade, coisas do gênero. É como se tivessem adquirido um carro de motor fundido, carcaça torta, pneus carecas, lataria esbugalhada e dissessem que todo carro é assim mesmo, a gente tem que se conformar com a dura realidade. Quem pensa dessa maneira, assim viverá - diz a lógica. Pau torto não faz sombra reta.

Em qualquer esquina você encontra filósofos que anunciam que a vida é mais difícil que nadar de botas, mais dura que salame congelado, mais apertada que rato em guampa e mais esfolada que joelho de beata – para usar ditados gaúchos. Se alguém fala em felicidade, eles se benzem como a espantar o diabo. O poeta Mario Quintana tem essa deliciosa frase: "Se não existe felicidade, vamos falar com toda felicidade da nossa infelicidade". Não lembro bem a frase, mas é mais ou menos assim.

Bem, brincadeiras à parte, não posso deixar de

pôr aqui a questão existencial da felicidade. Afinal, se você quer fazer a sua vida dar certo, não poderá ignorar a felicidade. Mas, não basta saber. Uma coisa é aprender a nadar pelos livros, outra coisa bem diferente é se atirar na água e flutuar. Felizmente, nos últimos tempos, revistas de projeção têm publicado belas reportagens sobre felicidade. As pessoas leem, ficam encantadas, mas as ideias vão para a prateleira junto com a revista. Poucos levam a sério a felicidade e poucos reconhecem que é o único caminho bem-sucedido do ser humano. Pregações que valorizam o sofrimento contribuíram muito para a desmoralização da felicidade. Você já viu isto. Outro fator que leva muita gente a sorrir cepticamente quando se fala sobre felicidade é o fato de estarem vivendo crises homéricas ou sofrimentos insuportáveis. Esses têm o mesmo sentimento do faminto que ouve preleção sobre safra recorde de alimentos. No confronto entre a ideia e a realidade, ficam com a realidade, já que não imaginam que uma nova ideia acreditada modifica a realidade. Há escritores que, não sabendo como conciliar felicidade com os sofrimentos da vida, ponderam que ser feliz é suportar com ânimo as agruras, porque a vida é cheia de atribulações. Conheço psicólogos que escreveram positivamente sobre a felicidade, mas não conseguiram sequer defini-la. Então, fazem arrazoados em torno de uma ideia que lhes parece ser a felicidade e, mesmo aos tropeções, chegam ao final do livro tentando não se desmentir. Certas pessoas já não querem mais sequer ler sobre esse tema, porque alguns autores criam a ideia de que felicidade é ouvir estrelas, ficar sorrindo para os postes, beber água de cascata, dormir sobre as flores da campina, lançar beijos para o azul do céu. Como isso é dispensável e não enriquece, passam ao largo.

No frontal do meu livro "Porque as Pessoas Felizes São Felizes", anotei: "Sem felicidade não há saúde, nem autorrealização, nem sucesso, nem estabilidade emocional, nem religião, nem progresso, nem riqueza, nem casamento estável".

Por aí se pode ver a importância da felicidade na vida do indivíduo.

Mas, enfim, o que é felicidade?

Vou lhe dizer o que eu entendo por felicidade. Se você sabe minha definição, sabe do que estou falando. Falar sem explicar do que se trata pode gerar confusão total. Certa vez, um senhor me contava sobre o Napoleão, que era muito brabo, violento, corria de um lado para outro feito mosca tonta, não respeitava ninguém, perigoso como ele só, difícil de se lidar, e, quando atacava, era muito feroz.

- De onde você tirou essas informações sobre o grande general Napoleão Bonaparte? – perguntei-lhe, incrédulo.

- Não estou falando de Napoleão Bonaparte, cara! Estou falando do meu cachorro! – resmungou ele, dando-me as costas.

Tem gente que fala da felicidade como o homem do Napoleão. Quando eu era criança, a professora solicitou que nós, os alunos, fizéssemos uma redação sobre o cavalo. Um colega escreveu essa preciosidade: "O Cavalo. O cavalo é diferente do burro. O burro é o cavalo que não quis estudar. Daí que as orelhas dele cresceram demais. Existe burro de quatro patas e burro de duas pernas. O burro é tão burro que nem aprendeu a falar, só sabe zurrar que nem burro. Vida de burro é pura burrice. Faz cada burrada que dói. Isso porque ele é burro mesmo. E assim termina minha história do cavalo. Zeca".

Quando alguém escreve sobre felicidade sem defini-la, fica meio parecido com a redação do Zeca: era para falar do cavalo e acabou falando do burro. A definição aclara o tema. O autor pode filosofar sobre a felicidade do jeito que quiser, mas deve defini-la, caso contrário um fala do Napoleão-cachorro e o outro pensa que se trata do famoso general francês.

Pois bem, minha definição de felicidade: "Sentir-se bem consigo mesmo, com a humanidade, com o universo e com Deus".

Sentir-se é verbo reflexivo, indica ação interior. Sentir-se bem consigo mesmo é gostar de si, ter elevada autoestima. Indica harmonização entre todas as instâncias do ser: espírito, mente, coração e corpo.

Espírito é a fagulha divina, a deidade, a dimensão infinita do ser humano.

Mente é o espírito individualizado, o eu, diferente do tu, ou seja, a pessoa na sua expressão humana; o ser pensante e agente.

Coração é o afeto, o sentimento, a luz interior.

Corpo é a matéria organizada e vivificada pela mente. Corpo é o ser humano expressado visível e existencialmente.

Por outras palavras, estado de felicidade é estado de plenitude. A plenitude existe quando o amor envolve e impregna todo o ser humano. Nesse caso, ele se sente maravilhosamente bem consigo mesmo, com todas as pessoas, com o universo e com Deus.

Para ser feliz não é necessário que todas as pessoas amem você, mas é fundamental que você tenha amor por todas as pessoas. Basta que você odeie um indivíduo qualquer e esse ódio estará corroendo você e bloqueando sua felicidade. Se o seu coração alimentar qualquer mágoa contra seu ex-noivo, por exemplo, jogou cinzas no seu coração, desmantelando a plenitude. Se você tem entalado na garganta um negócio mal feito, derrotou a felicidade. Se tem raiva contra o cachorro que o importuna no quintal do vizinho, adeus felicidade. Isso não tem nada de rigorismo, de extrema santidade, de espírito de doação. Felicidade não exige nada disso. Felicidade é a ordem natural das coisas. Se você, por exemplo, está irritado com o cachorro, seu organismo entra em tensão continuada, se estressa, e o resultado é o enfraquecimento do sistema imunológico. Caminho da doença. Acha isso sem importância? Tudo que prejudica você, o torna infeliz, se não for caso esporádico. Impactos repentinos podem estremecer momentaneamente sua estrutura psicológica, mas a pessoa feliz instintivamente trata de reequilibrar a harmonia do todo.

É difícil ser feliz?

Não, difícil é ser infeliz, já que, para tanto, terá que romper a ordem natural, quebrar a harmonia interna, rejeitar a saúde, desprezar a paz de espírito, envelhecer prematuramente, romper amizades, apagar o amor do coração, viver sob pressões desagradáveis e acabar deprimido, desanimado, vencido.

A pessoa feliz - pelo fato de estar de bem consigo mesma, com a humanidade, com o universo e com Deus - será saudável, jovem, irradiante, bem-sucedida nos relacionamentos, em condições excelentes para enriquecer, fazer bons negócios e viver prazerosamente. E tem um baluarte no Infinito, pois sua relação com Deus estimula a autoconfiança e a fé no próprio destino.

Quando uma pessoa se desajusta é como se duas entidades entrassem em luta: a infelicidade versus a felicidade.

Houve, uma vez, um velho índio que assim descreveu seus conflitos internos: "Existem dentro de mim dois cachorros, um deles é cruel e mau, o outro é bom e dócil. Eles estão sempre brigando". Ao lhe perguntarem qual dos dois ganharia a briga, o sábio índio respondeu: "Aquele que eu alimentar". Se você alimenta o cachorro dos pensamentos e sentimentos negativos e raivosos, ele passará o tempo todo rosnando, brigando, ameaçando e o agredindo. Mas, não tem do que reclamar: é você que está alimentando esse cachorro. Comece a tratar com carinho e atenção o cachorro bom e dócil, que você deixou abandonado e sem comida num canto qualquer do seu coração. Verá sua vida entrar num ritmo maravilhoso.

Quando você cultiva a mente positiva e o coração amoroso, feliz e fraterno, perceberá que ser feliz é tão simples quanto beber água.

Não se aborreça com os que negam a felicidade. Cada um tem seu estágio. Eles vivem longe de sua própria realidade. Um dia chegarão. Você também, quem sabe lá, vivia errante, cheio de problemas, se queixando de Deus e todo mundo. Hoje pensa e vive diferente. Há os que tomam café amargo e não gostam; há os que põem açúcar no café, mas não mexem; esses continuarão a pensar que não adianta pôr açúcar, a vida é sempre amarga; e há os que põem açúcar no café, mexem bem e se deliciam com o sabor inexcedível da bebida. É, na verdade, o mesmo café, mas o resultado torna-se diferenciado. Assim é a vida. Viver a vida é uma arte. Fazer a vida dar certo é questão de inteligência, sabedoria e detalhes.

Certa vez, uma jovem se queixava ao pai dos problemas, das dificuldades e da dureza da vida que a deixava amargurada.

- A vida não é ruim assim, filha! – animou-a o pai.

- Pai, o senhor é que não sabe como tudo é tão penoso!

O pai, cozinheiro de mão-cheia, levou a filha até o fogão e colocou três panelas com água para ferver. Feito isto, depositou um ovo numa panela, uma cenoura na outra e café na terceira panela.

- Estás vendo, filha?

- Vendo o quê, pai?

- Todas as três panelas contêm água na mesma temperatura, mas cada coisa reagiu de forma diferente à situação: o ovo, diante do extremo calor da água, endureceu; a cenoura amoleceu; e o café se misturou com a água, tornando-a deliciosa bebida. Assim ocorre na vida: diante da mesma dificuldade, umas pessoas se tornam duras, outras amolecem e há aquelas que transformam a situação em resultado maravilhoso.

- Entendi, pai! – exclamou a jovem.

- Veja, querida – concluiu o pai - que não são os acontecimentos que fazem a vida, mas a forma como cada qual reage diante dos acontecimentos.

A felicidade é inerente à natureza humana. Está no DNA. Impossível descartá-la. Mesmo os que a negam, não podem destruir sua própria essência, assim como a tempestade tira a visibilidade do sol, mas jamais o destrói. Isso significa que só há um caminho: ser feliz. É o mais curto, mais simples, mais fácil, mais indispensável. Se você teima em ser infeliz, é como aquele que passava o tempo todo sentado sobre espinhos, se queixando da dor.

Como se reconhece uma pessoa feliz

A pessoa feliz é facilmente identificável: a luz do espírito ilumina a mente, clarificando-a; ilumina o coração, inundando-o de amor; ilumina o corpo, tornando-o saudável. Essa luz se expande para o mundo exterior e a pessoa se maravilha com a visão de um universo que não é dado ver às mentes oprimidas e perturbadas. Felicidade é outra dimensão, está além do primitivismo em que se debate o comum dos mortais.

Quem é capaz de ouvir estrelas, sentir a beleza e o perfume das flores, emocionar-se diante de um passarinho dançando no azul do céu, extasiar-se à beira de um lago, acompanhar a orquestra sinfônica de uma cascata, sorrir de uma cena alegre, rir de uma brincadeira, dar gargalhadas de uma piada?

Quem é capaz de ficar uma hora afagando um cachorro ou um gato e brincando de cavalinho com uma criança?

Quem é capaz de rezar com a singeleza de um aldeão e a fé de uma camponesa?

Quem é capaz de fazer uma limonada com um limão que lhe jogaram na cara e construir uma casa com as pedras que lhe barram o caminho?

Quem é capaz de tirar o estopim de uma

ofensa e ver Deus dentro do arrogante?

A resposta é única: a pessoa feliz. Utopia coisa nenhuma. Sabia você que essa capacidade mental e sentimental leva o cérebro a segregar endorfinas, a droga interna do prazer e da felicidade? E que as endorfinas fluem através do sangue para todo o corpo, colocando-o em estado jubiloso, excitante, energético, saudável?

- Endorfinas?! – exclamará você. – O que é isso?

Para o biólogo, escritor e pensador Jack Lawson, endorfinas são substâncias analgésicas, agentes bioelétricos transmissores de energia vital, veículos do prazer, da euforia e da sensação de felicidade. As endorfinas – continua Lawson - servem para manter a saúde e fortalecer as defesas. Pois bem, segundo esse cientista, as endorfinas estão associadas a altos níveis de otimismo e bem-estar. Aqui você percebe a interação entre espírito, mente, coração e corpo.

Sabia que o estado amoroso, alegre, sereno, radiante, positivo, confiante, libera endorfinas, dietilaminas, oxitocinas, serotoninas e dopaminas? Que todos esses hormônios produzem uma sinfonia de prazer, bem-estar, energia e ânimo elevado? Que esse é o estado ideal do ser humano?

Sabia que, vivendo essa realidade natural, você acorda feliz, dorme feliz, convive bem, produz bem, se alimenta bem, faz amizades facilmente, tem sexo prazeroso, é ótimo parceiro ou parceira?

Sabia que, quando as coisas se atropelam na sua vida e você luta contra as ondas em meio a tempestades, entra em estado estressante?

Já pensou que, quando se debate em frustrações, quando cai em mágoas, quando sofre de insônia, quando não suporta o casamento, quando detesta os vizinhos, quando reclama do salário, quando amaldiçoa a sorte amarga - todas essas situações produzem mal-estar, deprimem e fazem o corpo desarranjar-se, abatendo as defesas orgânicas?

Depressão não é para você

A humanidade está surpresa com a epidemia de depressão que grassa assustadoramente e cada vez atinge idades menores. Surpresa por quê? Acha que é possível tirar leite de pedra? Faça uma análise – pode ser superficial – do que é colocado na cabeça de crianças, adolescentes, jovens e adultos. O que as pessoas cultivam na sua mente e no seu coração? Quais são as crenças que dominam por aí?

Tente espremer os jornais, os noticiários, os programas de tevê e recolherá uma borra vermelha de violências, corrupções, desamor e insensatez. Pela lei de que água mole em pedra dura tanto bate até que fura, é assim que se moldam crenças perniciosas na mente e no coração dos seres humanos, desde a mais tenra idade.

Guerras, assaltos, agressões, ódios, mágoas, drogas, são crenças errôneas, que produzem efeitos devastadores.

Acha que guardar mágoa contra ex-marido, ex-esposa, ex-amigo, ex-patrão, não traz consequências estressantes? Alguma vez se deu conta de que acreditar que os outros querem prejudicar você e ficar eternamente em guarda, reagindo à menor desconfiança - é altamente estressante?

Não lhe disseram, em conversas de bares e praças, que o negócio é aproveitar a vida e que aproveitar a vida é beber, comer, fazer racha, cheirar, curtir, ouvir som da pesada, brincar com o perigo e mandar às favas essa breguice de escola, religião e coisas que tais? Pois é assim que se formam as crenças pessoais. Com certeza, você não ignora que cada um se conduz na vida conforme suas crenças.

Examinou, alguma vez, por que sua vida não tem dado certo? Some sua idade e diga quantos livros já leu, quantos cursos tem feito, com quantas pessoas cultas tem conversado.

Diga, sem pestanejar, como define a sua vida. O que é a vida, para você? Já tem a resposta? Então, avalie se essa resposta tem conteúdo positivo ou negativo; se o remete para frente, apontando para um futuro risonho ou o deixa estagnado. Água estagnada, apodrece.

Se a sua vida não tem dado certo, pare um pouco e reflita. Também não quero que aceite como verdades absolutas e incontestáveis as crenças daqueles que dizem que navegar é preciso, viver não é preciso; que a vida é uma luta, uma caminhada difícil e espinhosa; que precisa frequentar a igreja e rezar o terço todos os dias; que tudo que é bom faz mal ou é pecado; que sexo é condenado; que a vida é perdas e ganhos; que ser bom é padecer; que tudo que os pais ensinam é certo; que os pastores e sacerdotes são donos da verdade divina; que todo livro é apanágio de sabedoria. Nem tudo que brilha é ouro. Busque contato com a Verdade interna e você saberá separar o joio do trigo.

Se você atola num imenso monturo, terá que se aguentar com o cheiro insuportável de podridão. Se vive envolto em tristeza, frustrações, baixa auto-estima, negativismos, pessimismos, remoendo eternamente as coisas que deram errado, terá que se haver com a depressão.

É relativamente simples reconhecer as causas

e as consequências da depressão. Está triste, sem ânimo, abúlico, decepcionado, chateado, com vontade de ficar dormindo sem acordar para não ter que enfrentar as nuvens negras de um dia acinzentado e insípido? Faz tempo que anda nessa modorra? Então, olhe para trás, faça uma varredura nos últimos acontecimentos da sua vida e, de repente, uma luz brilhará no seu túnel e você verá a causa da sua depressão. Um desentendimento, um prejuízo não assimilado, uma separação dolorosa, uma dívida irresgatável, uma colheita frustrada, uma revelação médica grave, um vazio existencial, um buraco negro no coração, um acidente trágico, uma injustiça insuportável, uma falta de reconhecimento – qualquer dessas situações poderá ser a causa que derrubou seu astral, anulou a autoconfiança, destruiu belas perspectivas e jogou você em terra. Está certo, houve uma razão para você se sentir assim. Não é invenção sua e nem falta de vontade. Os males da mente e do coração podem ser tão dolorosos quanto os males físicos. Podem. Muito bem, concordo que algo destruiu sua alegria de viver e aí está você sem interesse, sem prazer e sem estímulo para nada; às vezes, nem a comida e nem o sexo fazem você reagir. As noites se tornam intermináveis, sente dificuldade de concentração, não raro alimenta ideias de morte, se torna pessoa ansiosa, agitada ou passiva. E, para atormentar mais você, vem aquele sentimento de culpa por não reagir, por dormir demais, por abandonar a escola, por estar sendo um peso para os familiares. Meu amigo, minha amiga, tudo é consequência dessa doença. Não se sinta culpado. O melhor argumento para lhe tirar o fardo da culpa é este: se você pudesse, sairia dessa situação agora mesmo.

Conhecendo os sintomas da depressão, não carregue culpa e nem se julgue um traste que está aí só para atrapalhar a vida dos outros. Nada disso. Assim como o diabetes, o enfarte, as cólicas intestinais, a gripe, cada doença, traz os efeitos correspondentes ao mal, encare os sintomas da depressão como efeitos decorrentes da enfermidade e não como falha de caráter ou preguiça. Com isso, sua autoestima sobe um pouco. Já é uma luzinha na escuridão.

Por certo, você já teve várias doenças e ficou curado. Então, acredite piamente na cura dessa depressão. Não desanime. Não é um mal pior do que os outros, é apenas diferente. Tem cura. Você ficará perfeito, como antes. Dê tempo ao tempo. Paciência aqui é fundamental. Se teve paciência para esperar nove meses antes de nascer, paciência para crescer, paciência para aprender a falar, paciência para estudar durante anos e anos, por que não acrescentar mais uma paciência ao seu currículo?

Há poucos dias, recebi e-mail de uma senhora desesperada, pensando em suicídio, porque estava arruinada financeiramente, dívidas pelo pescoço, casamento desfeito, fofocas a atormentando. Estava agoniada, pedindo socorro, por amor de Deus, antes que tomasse decisão trágica...

Tentando tirar o estopim da bomba, respondi assim: "Li seu e-mail e percebo que tudo que você precisa é tomar um bom banho de água fria e rezar um terço. Não existe fundo de poço, nem lama, nem falência, nem solidão, a não ser na mente. O que existe são fatos e todos os fatos da vida são lições positivas que a pessoa precisava aprender. As coisas complicadas foram acontecendo e você não aprendia a lição. Você necessitava passar por todas essas dificuldades para aprender. Pois, então, trate de aprender e seguir em frente, com esse valioso cabedal de experiências, ao invés de pensar na besteira de suicídio. Você não é covarde. Se fosse covarde não teria feito todo esse percurso para chegar onde chegou. Você é decidida, autônoma, valente, que vai em busca do sonho até as últimas consequências. Veja o que escreveu Maxwel Maltz: "Admita seus erros e enganos, mas não os lamente; corrija-os e continue andando para frente. Desde que esteja caminhando para frente, você pode corrigir a sua rota enquanto caminha".

Pois bem, agora clarifique seus sonhos atuais, ilumine o que pretende daqui para frente e vá em busca do seu eldorado, com a mesma força com que chegou até essa situação atual. Só que agora suas energias estarão direcionadas a um projeto positivo de vida. O melhor de sua vida está por acontecer. Dê a mais fantástica guinada da sua vida, ponha juízo na cabeça, peça auxílio divino, leia "Sete Passos Para Dar a Volta por Cima" - e verá as maravilhas que vão acontecer. Tenha fé em si e em Deus, isso é fundamental. Estou orando por você. Abraços".

Erros e acertos

O fato de dar tudo errado nos investimentos de uma pessoa não significa que o destino fatal é o fundo do poço. Se analisar a caminhada feita, não é difícil perceber que não faltou coragem, teimosia, determinação, ousadia, vontade, independência e autonomia. Ora, mesmo que o resultado tenha dado errado, é inegável que são energias e qualidades de alto valor. A desgraça é que foram empregadas para fins equivocados. É só direcionar essas forças interiores ao alvo certo, a objetivos positivos, a sonhos otimistas, e seguir um roteiro pés-no-chão

– que a vida mudará para melhor como a água em vinho. É verdade. Errou? Existe alguém que não erra? Só não erra quem está lá em cima, no céu, ou lá embaixo, na cova.

São os erros que fazem o progresso.

Sochiro Honda, o criador das motos e dos automóveis, depois de superar vários reveses, assinalou: "O sucesso é feito normalmente de 49 % de fracassos".

Decepção não é decepção e sim uma maneira de recomeçar com mais inteligência e sabedoria.

John Powel, professor da Universidade Loyola, de Chicago, EUA, trouxe este ensinamento: "Os fracassos são apenas experiências de aprendizagem. O único fracasso verdadeiro é aquele com o qual nada se aprende".

Um dia, colhi essa frase da escritora espanhola Concepción Arenal, (1820-1893), que calha muito bem aqui: "O homem que se levanta é maior do que aquele que não caiu".

Frente de combate contra a depressão

Agora, resta você decidir: quer continuar desvivendo, sofrendo, ou quer reaver a alegria da vida, recuperar as perdas e ser vencedor indomável?

Sei que seu desejo é voltar a ser como era antes. Muito bem. É um ótimo ponto de partida. Perder alguma batalha não é vexame. Todos os campeões perderam batalhas. Mas, foram em frente, absorvendo as lições. Foi assim que se tornaram campeões e o sabor da vitória compensou os sofrimentos e as quedas.

Nossa estratégia contra a depressão será atacar em quatro frentes de combate. E não deixamos por menos. Você agora é o general em chefe das forças que destruirão o inimigo.

Primeira frente de combate: o cérebro. Há que reativar suas linhas de conexão. Os neurônios não estão recebendo ordens, por culpa dos neurotransmissores. Você precisa urgentemente fazer esses neurotransmissores trabalharem, caso contrário os neurônios não agirão. Como não há tempo a perder, convoque seu conselheiro especializado no ramo - o psiquiatra - e ele vai indicar alguns medicamentos com a missão de fazer funcionar a conexão. Como a linha de frente está bastante desarvorada, os neurotransmissores levarão de duas a quatro semanas para produzir efeito. Até lá, senhor comandante, paciência e segure-se do jeito que puder. Mas, general nenhum costuma ficar parado até que os ventos mudem.

Ponha de imediato em ação a segunda frente

de combate: a mente. Mesmo que as forças de batalha estejam debilitadas, saiba que a mente não exige esforço. Essa é uma vantagem poderosa. Use a mente para criar pensamentos positivos. O pensamento produz a substância do seu conteúdo. Aí está o segredo: o pensamento positivo também age sobre o cérebro. É outro caminho para promover a ação dos neurônios. Por exemplo, pensamentos de alegria produzem a energia da alegria e levam o cérebro a liberar o hormônio da endorfina. Essa tática funciona, senhor general. É do conhecimento geral que pensamentos e sentimentos benéficos, alegres, confiantes, animados, felizes, amorosos, estimulam o cérebro a secretar hormônios que afastam a depressão. Não acredita? Veja o que escreveu Jack Lawson, em seu livro "Endorfina, a Droga da Felicidade": "Lembremos que nossa atitude mental desempenha papel decisivo na produção de endorfinas, essa droga da felicidade. Quando temos maus pensamentos, ideias sombrias e pessimistas, estamos remetendo ao cérebro informações que vão sendo decodificadas e associadas a circunstâncias desagradáveis. Nos bons momentos, fabricamos endorfinas, nos maus, estas escasseiam. O choque emocional que sofremos ocasiona a diminuição repentina do fluxo de endorfinas no sangue. A saída da depressão não está fora de nós, mas na nossa capacidade de reagir, produzindo endorfinas para alcançar novamente o equilíbrio perdido".

Como usar a mente para produzir endorfinas?

Há variadas atitudes mentais que ajudarão muito nessa empreitada.

Ponto um: Pensar positivamente é uma determinação que não pode faltar. O pensamento positivo é como sol na escuridão: ilumina, aquece, areja, desembolora a vida, cria novas perspectivas e oferece substratos para a ação do poder, já que este não funciona se não tem sobre o quê funcionar. Se lhe falta vontade para formar pensamentos positivos, ouça gravações ou leia livros de autoajuda.

Ponto dois: Rir e gargalhar sempre que possível. Difícil? Não tanto. Dê manivela no calhambeque da mente até pegar. Sirva-se de filmes de comédia, ouça CDs de piadas, leia livros humorísticos, assista espetáculos e programas humorísticos de tevê. Você não precisa fazer força, basta deixar-se levar pelas piadas dos comediantes. Há uma canção de Charles Chaplin que tem essa frase: "Smile, though your heart is aching", que quer dizer: "Sorria, embora seu coração esteja doendo".

Diz Jack Lawson: "Um simples sorriso emite uma informação que ativa a secreção de endorfinas no cérebro".

Pesquisadores da Universidade de Stanford exibiram cartoons para voluntários enquanto espiavam dentro de suas cabeças, por ressonância magnética. Descobriram que as piadas ativam, no cérebro, os mesmos circuitos de gratificação que sensações geradas pelo uso de cocaína, aquisição de dinheiro ou visão de um rosto bonito.

Ponto três: Amor e sexo. Indiscutivelmente segregam endorfinas, oxitocinas, dietilaminas.

É sabido que o sexo afasta a depressão e a ansiedade, além de fortalecer o sistema imunológico.

"Sexo frequente e prazeroso – explicam os médicos – pode proteger o coração, evitar insônia, aliviar o estresse, fortalecer as defesas, combater a ansiedade, regular o humor, emagrecer e até atrasar um pouco o ritmo do envelhecimento. (Veja, 19 jan.2005).

Quanto ao amor, é claro que faz o cérebro secretar endorfinas e outros hormônios benéficos, porque se trata de um estado de ser paradisíaco, pleno, harmonioso, sereno e feliz.

O Dr Bernie Siegel, médico-cirurgião, autor de vários livros sobre saúde e cura, escreveu: "Não há doença que o amor não cure".

Ponto quatro: Boas lembranças. Ao invés de remoer o passado, recorde momentos de intensa felicidade. Se tiver dificuldade de acessar a esses acontecimentos prazerosos e felizes, relaxe e entre em nível alfa. Como o subconsciente não distingue entre imagens e realidade, a evocação de momentos maravilhosos levará o cérebro a secretar os mesmos hormônios prazerosos do passado. Exemplos: tome na mão um livro que lhe propiciou boas emoções, um presente que lhe lembra uma pessoa querida, uma gota de um perfume que refaz a sensação de um encontro inesquecível, uma fotografia que o reporta a um dia fantástico, uma música que tem tocado seu coração, etc, e você vai sentir-se melhor.

Ponto cinco: Relaxe e faça meditação. Do seu íntimo surgirão sensações agradáveis, inefáveis, como se tocasse a orla do céu. E o cérebro liberará endorfinas e oxitocinas, hormônios do bem-estar.

Ponto seis: Visualize um derrame de endorfinas e serotoninas em todo seu ser. Isto mesmo. Use a imaginação. Como escreveu Joseph Murphy, você se transforma naquilo que imagina ser. A imaginação tem força extraordinária sobre a pessoa. O grande sábio da bíblia Salomão já dizia, há milênios: "Porque, assim como imaginou na sua alma, assim é".

Agora, a terceira frente de combate: o corpo. Veja como usar o corpo para produzir bem-estar, liberar hormônios benéficos e criar sensações prazerosas.

Ponto um: Ninguém desconhece que caminhadas, esportes, ginástica, natação, dança, levam o cérebro a liberar endorfinas que, repetindo, são hormônios do bem-estar, produzem sensação de felicidade e alegria.

Ponto dois: o abraço, o beijo, o carinho e a massagem também levam o cérebro a secretar endorfinas, a pílula da felicidade, como disse Jack Lawson.

Ponto três: Há certos alimentos que estimulam o cérebro a produzir endorfinas, como o chocolate e o mel. Diz um provérbio iídiche: "Com uma boa sopa as dificuldades descem melhor".

Quarta frente de combate contra a depressão: espiritualidade.

Inúmeras pesquisas sobre os efeitos da oração mostram muitos benefícios. A meditação e o cântico de louvor fortalecem o sistema imunológico e liberam hormônios que causam sensação de felicidade. A oração de grupo coloca você no fluxo de energias positivas somadas. A prece silenciosa, confiante, simples, gera paz de espírito, serenidade e segurança. Se você confia em Deus, ou em Nossa Senhora, ou em algum santo de sua devoção, indiscutivelmente estará usando uma força fantástica, capaz de superar com galhardia qualquer problema.

Então, senhora ou senhor comandante de si mesmo, bandeira ao alto, fronte erguida, voz vigorosa e em frente! Tenha a certeza de que, desde este momento, sua vida começará a dar certo.

É você muito sensível?

Conheço pessoas que sofrem demais, por serem muito sensíveis. Basta alguém dizer algo desabonador e elas se entregam, caindo em tristeza mortal. Na semana passada, encontrei uma moça abatida e quis saber o que tinha acontecido. Ela falou, com os olhos marejados de lágrimas, que tinha feito um favor a uma amiga e esta sequer lhe tinha agradecido.

- Como as pessoas são mal-agradecidas! – exclamava ela.

A pessoa sensível tem espírito muito aguçado e se melindra profundamente por qualquer coisa que tenha acontecido ao contrário do que esperava. Quando alguém a critica, Deus do céu, o rosto fica lavado de mágoa. Basta alguém não lhe dar importância, esquecer de cumprimentá-la, citá-la em terceiro lugar, e, pronto, o céu desaba e a coitada fica dias remoendo a maldade do mundo e a incompreensão da humanidade.

O indivíduo extremamente sensível vê desconsideração onde ninguém vê; sofre tremores quando esquecem de elogiá-lo; corta uma amizade, porque não foi convidado para a festa.

Tem gente tão sensível que cai de cama só de imaginar que não é amada. A cabeça desaba dantesca tempestade, quando tudo não passa de uma brisa vespertina. Se a esposa chega uma hora mais tarde em casa, a fantasia mórbida é tão galopante que já é vista na cama com um conquistador. Qualquer coisa que aconteça ao sensível, no seu setor de trabalho, e o infeliz entra em pânico, pensando que será demitido.

As consequências da sensibilidade exagerada são o estresse, o sistema imunológico combalido e o campo aberto para todo tipo de enfermidades. Sei que você não quer ser assim, pois, além de tudo, perde amizades, cansa as pessoas com as quais se relaciona, é preterido no emprego e acaba chateado consigo mesmo.

Será você muito sensível? Se a resposta é positiva, não se apavore, vamos encontrar logo uma solução. Só existe o problema porque existe a solução, não canso de repetir.

Antes de tudo, você deve já ter-se

conscientizado de que a sensibilidade negativa só serve para perturbar sua vida, portanto está disposto a riscá-la do mapa do seu coração. Muito bem, esse é o primeiro passo. O desejo carrega a semente da realidade.

Agora, vamos tecer algumas considerações: perceba que não há nenhuma razão para você levar em conta o que os outros dizem ou fazem. Afinal, você não nasceu grudado em ninguém. O outro é o outro, você é você. Assim como você tem suas ideias próprias, suas crenças, suas qualidades e defeitos, permita que os outros ajam de acordo com as ideias e defeitos e falhas de caráter deles. Nunca esqueça que o problema do outro é problema do outro e não seu. Seja você como quer ser e aceite os outros como são. Será empreitada impossível querer anexar a cabeça dos outros à sua cabeça. Não conseguirá. Torcer o pescoço dos outros para que pensem como você e tenham a educação que você tem, não vai dar certo. Esqueça esse lado. Pretender dobrar o outro só servirá para agudizar ainda mais a sua já exacerbada sensibilidade.

Busque outro caminho: solidificar sua personalidade a ponto de ser superior aos agravos dos outros. Seja independente. Dono de si. Como dizia o filósofo Epíteto: “Não podemos controlar as impressões que os outros têm a nosso respeito e o esforço de fazê-lo só degrada o nosso caráter".

Ao invés de se imaginar saco de pancadaria, caia fora e siga seu caminho. Deixe que suas qualidades falem por você. Firme a convicção na sua grandeza, na sua autossuficiência, na sua capacidade de autorrealização e não preste atenção às ofensas ou desprezos.

A cada ímpeto de se sentir ferido pelo que lhe assacam, diga para si, com a majestade de um filho de Deus, que você é da dimensão do infinito, está acima do rés-do-chão por onde se arrastam as pessoas pequenas de caráter.

Se é você que tem o caráter debilitado, medite sobre sua verdadeira realidade, como imagem e semelhança divina.

Ciúme compulsivo

Se você sente compulsão de ir atrás de seu marido para ver onde está; ou liga toda hora para saber sobre ele; ou não aceita que ele saia à noite com medo de que tenha encontros amorosos; se examina as roupas dele procurando sinais de promiscuidade; se manda alguém conferir se é verdade que ele está onde disse que estaria – acredite que nada disso vale a pena, que tudo apenas conduzirá ao sofrimento, ao estresse e à deterioração do casamento. É claro que essa colocação cabe também, como uma luva, para o marido sensível e ciumento em relação à esposa. Qualquer psicólogo ou analista concorda que isso é o inferno da vida a dois. Pois bem, considerando que essa atitude só prejudica e destrói o que pretendia construir, é fundamental que seja encarada como atitude mórbida e seja realizado um trabalho vigoroso e decidido de autossuperação.

Repita, com toda frequência possível: "Minha vida sou eu, apenas eu, e somente eu posso fazer a minha felicidade. Não perco tempo em bisbilhotar a vida de ninguém, antes uso todo o tempo disponível para melhorar minha performance pessoal, ser feliz e buscar minha autorrealização. Não preciso da bengala de ninguém. Eu e Deus, que habita meu íntimo, somos o amor, a felicidade, o sucesso, o bem-estar e a alegria de viver. Assim é agora e sempre".

Quando lhe assediarem pensamentos negativos, medos, ansiedade, dedique-se de imediato a uma atividade, vá tratar da sua vida e verá que, aos poucos, ou rapidamente, você se tornará senhor de si, sereno, em paz, independente e, por conseguinte, descontraído, bem-humorado e alegre.

Sorria dos seus críticos

Num livro que li sobre Epíteto, anotei essa passagem: "Se alguém lhe disser que determinada pessoa criticou você, não se dê ao trabalho de apresentar desculpas ou justificativas. Sorria apenas e diga: "Acho que essa pessoa não conhece todos os meus outros defeitos, do contrário não teria mencionado apenas esses".

Isso, na minha linguagem, significa retirar o estopim da bomba. Tirar o estopim é desativar o explosivo.

Rir das próprias fraquezas é uma tática formidável. Ser como as crianças – ensinou Jesus. Já falei sobre isso. Pare de sentar no trono do seu orgulho e não admitir que os outros o critiquem ou toquem nas suas feridas. Ser como as crianças - esta é a receita sábia.

- E se não é verdade o que maldizem de mim? – indagará receoso você.

- Ora, eis mais uma razão para sorrir complacente.

- Mas os outros podem acreditar e eu ficarei desmoralizado!

- Toda mentira morre por si mesma. Não esquente a cabeça. Por mais que você queira desmentir, quem quer ver a sua caveira continuará a propagar a mentira. Leve em consideração a Lei Universal de que todo ato se paga a si mesmo. Esses maldosos cairão por si mesmos, não se preocupe.

Se você dá importância aos que falam mal da sua vida, gostaria de dizer-lhe o seguinte: Ninguém joga pedras em laranjeira seca e nem em fruta podre. Ninguém critica pessoa sem prestígio e sem talento.

Quando falam mal de você é porque perceberam qualidades que ofuscam os olhos. Os caídos querem ver os que estão em cima caírem na mesma vala. Não entre nesse jogo. Pelo contrário, tenha pena dessas pessoas e dedique-lhes um pouco da sua bondade. Por favor, não guarde raiva de ninguém, porque estará comprando inimigos e preparando um enfarte.

Para libertar-se da tendência de ofender seus agressores, veja o lado bom que existe em cada ser humano. Principalmente, reconheça o que ensinou o apóstolo Paulo: "Sois templos do Altíssimo que em vós habita". Toda criatura humana é habitada pelo Altíssimo, que nada tem a ver com os desmandos da pessoa.

Siga o seu caminho e não o dos outros e assim a sua vida começará a dar certo. Não existe nada de difícil, a não ser aquilo que você considere difícil.

Faça sua vida dar certo assumindo sua

personalidade e concentrando em si todas as chances de ser feliz e autorrealizado.

Como gostar do que não gosta

Quando falo em percalços da vida, não quero afirmar que a caminhada seja difícil, pesada, sacrificada e dolorosa. Nada disso. Nada disso. Quero apenas lembrar que ser feliz e bem-sucedido não significa apenas ter mordomo, caminhar em jardins floridos, deliciar-se com caviar e dormir sobre pétalas de rosas.

Se você é feliz, toda a caminhada é fonte de felicidade, ainda que o caminho seja pedregoso.

Tem gente que não gosta disso, detesta aquilo, sem sequer ter experimentado. Muitos moram sozinhos e se sentem bem, fazem a sua comida, limpam a casa, arrumam o quarto, ouvem as músicas que apreciam, veem programas de tevê que lhes diz respeito e abençoam os momentos em que podem permanecer em silêncio. Outros não se conformam em ter que morar sozinhos e serem obrigados a providenciar a comida e a limpeza da casa; cada espaço da residência lhes parece um abismo sepulcral. Tudo está na cabeça. E a cabeça é feita de experiências boas ou ruins, conceitos, preconceitos e crenças que lhe foram passados.

A realidade é fluida: você a faz conforme sua mentalidade. Conhece aquele velho ditado que "o diabo não é tão feio como pintam"?

Não há nada que não possa ser mudado. Assim como é fácil criar novos padrões de pensamentos, da mesma forma é fácil tornar agradável e prazeroso qualquer modo de vida. Existe um axioma que aprendi há muitos anos: "Da necessidade se faz virtude". Alguém acrescentou essa bela comparação: "A necessidade faz o sapo pular". Quando criança, eu não gostava de polenta e de tomate, hoje eu aprecio. Não sabia cozinhar nada, hoje consigo me defender, para não morrer de fome.

Alguns anos atrás, participei de um Festival da Barranca, à beira do Rio Uruguai, em São Borja, promovido tradicionalmente pelo grupo musical "Angueras". Éramos cerca de duzentos gaúchos, acampados em barracas, todos apreciadores de música gaúcha. Lembro que, pela madrugada, desandou um temporal daquele tamanho e acordei vendo a barraca inundada, as roupas flutuando, as alpargatas navegando, como barcos à deriva. Meu companheiro Norton teve o mesmo problema na barraca dele. Foi a Noite dos Afogados – brincava eu. De manhã, na hora do café, cada qual tinha que se virar por si. Havia café, leite, ovos, pão, sal, frigideira, fogareiro e água quente. O resto ficava por conta do engenho e arte de cada gaúcho. Eu peguei um ovo e fui quebrá-lo na borda da frigideira, mas não é que o danado fugiu ao controle e se estatelou no chão? A gauchada riu da minha incompetência. Na manhã seguinte, estava eu tratando do meu café matinal, quando apareceu um gaúcho, que me interrogou, com o ar mais sacana do mundo: "E daí, companheiro, aprendeu a fritar ovos?" Pois aprendi. Não há nada que não se possa aprender. E aprender a gostar. Acredite que tudo, ou quase tudo, que você não gosta é fruto de programação mental. Se quiser, poderá começar a gostar. Você mesmo é a comprovação dessa verdade. Muita coisa que você não queria saber de jeito nenhum, hoje faz parte normal do seu currículo de vida.

Os obstáculos da escalada

Falei-lhe, no início, sobre a inesquecível aventura da escalada do Pico do Marumbi, na Serra do Mar.

Ficou evidente que não subimos de teleférico, nem fomos conduzidos em liteiras. Também não fomos acompanhados de médicos, nem de cozinheiros e nem de guias. Tudo foi compensado pelo prazer da escalada. Cada situação difícil era detalhe fantástico da aventura.

Desde o início, tivemos transtornos: o tempo estava chuvoso na véspera e também desandou na hora da descida; o guarda da estação procurou nos dissuadir da loucura; erramos a trilha; quase pisei numa cascavel; e, por fim, parecia tudo em vão quando nos apercebemos de que, ao invés de subirmos do Pico do Facão ao Pico do Marumbi, acabamos voltando ao início da caminhada.

Desistimos? Podíamos ter desistido, afinal uma parte da conquista tinha sido feita: chegamos ao Pico do Facão, mil e duzentos metros de altura. Mas nossa meta era o Pico do Marumbi. Recomeçamos a subida. As duas máquinas fotográficas já incomodavam, os barbantes que prendiam a bolsa da comida cortavam os ombros e o cansaço tentava debilitar nossas forças. Para completar, sem querer havíamos dessa vez enveredado pela trilha mais perigosa, a frontal, cuja ascensão era prerrogativa única dos marumbinistas profissionais. Nada nos deteve. Havia certos momentos de arrepiar, mas prosseguimos. Passamos pelos correntões, pelos grampos, por bordas assustadoras de precipícios, e conseguimos chegar ao topo. Quanta alegria! Quanta emoção! Registramos nossa presença num livro existente ao pé da cruz de ferro e tratamos de retornar, porque o tempo ameaçava desabar.

Os anos se passaram e as lembranças que ficaram foram a façanha, a glória, a conquista, a determinação, a persistência e a certeza de que, quando se quer realmente, se consegue.

As lições da escalada

Várias lições podem ser extraídas do episódio da escalada do Marumbi.

A primeira é que, se você tem um projeto que o entusiasma, nada o deterá.

A segunda: quando você gosta de uma atividade, as turbulências são encaradas como parte do objetivo.

A terceira: não há obstáculo insuperável.

A quarta consideração: quando a motivação do objetivo é mais forte que os tropeços do caminho, o resultado final nunca deixará de ser atingido.

A quinta: os percalços não são percalços, mas degraus naturais.

Os símbolos do Marumbi

Também, pode-se ver o Marumbi como símbolo da vida.

A vida é uma escalada fascinante.

O Pico do Marumbi é o ideal de cada um.

A trilha é o caminho a ser percorrido.

As rochas são as barreiras que, de tanto em tanto, soem acontecer.

Os correntões são a ajuda que se necessita em certos momentos da vida.

A cascavel são aqueles que querem matar seu ideal. Costumam aparecer à beira do seu caminho.

A chuvarada são os acontecimentos que devem ser encarados como saudáveis e benéficos.

Os arroios transpostos são a pausa que refresca.

A máquina fotográfica representa a memória dos feitos mais grandiosos na escalada do objetivo.

A bolsa com pão e salame significa o alimento necessário para o fortalecimento da saúde.

Para que sua vida dê certo, tome esse exemplo e vá em frente!

Autonomia e espírito crítico

Quantas mensagens recebe você por dia? Quantas solicitações? Já contou quantas pessoas tentam diariamente torcer o seu pescoço? Já parou um dia para avaliar o número dos que querem impor suas ideias sobre você?

Calculou quantas vezes disse sim para contentar os outros e disse não para ser bem aceito no grupo? E aquelas vezes que seguiu o rebanho, porque era mais fácil? É capaz de lembrar as ocasiões em que chegou em casa furioso consigo mesmo por ter acompanhado a ideologia de alguém, embora contrária ao seu modo de pensar?

Pois é, meu amigo, minha amiga, há sempre alguém querendo pegar no seu fraco para tirar proveito.

Se quer que sua vida dê certo, seja independente, autor de suas decisões, analista de si mesmo. Isso, no entanto, não significa deixar de ouvir, de aprender, de ler, de se aconselhar. Não seja daqueles que berram idiotamente: "Não sei, não quero saber e tenho raiva de quem sabe!" Mas seja independente.

Pode errar? Pode. Errar é humano. Quem nunca errou, também nunca acertou.

Mas, há uma fórmula que lhe dá segurança e o desobriga de pensar pela cabeça dos outros.

Recorde, mais uma vez, as colunas básicas sobre as quais Deus assentou o ser humano: sabedoria, para criar e discernir; liberdade, para escolher; poder, para realizar; e felicidade como estado de ser.

Sabedoria. Sim, sabedoria para criar e

discernir. Discernimento. Lucidez. Clareza mental. Sabedoria, paradigma da verdade. Está dentro. Imanente. Encontre o caminho da interiorização e chegará aos arcanos da sabedoria e da verdade. Como dizia Jesus, o sábio: "Busque a Verdade e a verdade libertará você". Além disso, você tem ótimas condições de ampliar a cultura, aprofundar conhecimentos, analisar intenções, fazer comparações.

Há duas qualidades que você deve necessariamente clarificá-las em si, se deseja fazer sua vida dar certo: autonomia e espírito crítico.

Espírito crítico é a capacidade de análise isenta. Tem espírito crítico aquele que avalia livremente conteúdos que lhe são passados na família, na escola, na tevê, na igreja, nos jornais, nas conversas, na política, na literatura, nos bares, nos clubes.

Espírito crítico é qualidade preciosa no mundo de hoje, quando há tantas ideologias que pretendem arrastar seguidores.

Espírito crítico é uma necessidade vital, para descobrir, em tempo, os lobos em pele de ovelha.

Espírito crítico é a luneta que mostra, às escancaras, as falácias, as promessas vãs, as falsidades ideológicas, os engodos, as fraudes.

Espírito crítico lhe permite desvendar o

verdadeiro, o certo, o legítimo, o sincero, o honesto, em meio à poluição humana.

Espírito crítico facilita a distinção entre o ouro e o ouropel, a pedra preciosa e a bijuteria, a sinceridade e a dissimulação.

Autonomia significa que a você pertence o timão do seu barco existencial. Conduza você o seu barco, se quiser chegar ao porto ambicionado. Não entregue o comando de sua vida a ninguém, já que terá que prestar contas das suas atitudes e responder por seus atos.

Você deve ter visto amigos espatifarem o carro em acidente; mas também vê todos os dias pessoas dirigirem corretamente o veículo rumo ao destino e chegarem perfeitos e saudáveis.

Autonomia permite você pensar o que quiser e dizer o que lhe parecer melhor.

Autonomia, no sentido positivo, é ótima qualidade, pois a pessoa autônoma não se deixa levar pela opinião dos outros, não é maria-vai-com-as-outras, não é cabresteiro, nem cela de montaria.

Autonomia é valor indispensável ao ser humano.

Autonomia lhe abre os portais do mundo. É a moldura da liberdade.

Não se sinta dependente, incapaz, destinado a viver atrelado a alguém ou a alguma instituição.

Você nasceu de Deus e voltará para Deus. Respeite sua individualidade.

Reconheça o direito de ser quem você é. Há certas ideologias, pregadas nas escolas, na política, no judiciário, na religião, na sociologia, que levam à crença de que seu destino é seguir os ditames dos outros. Querem que você marche, direita, esquerda, volver!

Amigo do rei, chapéu na mão, slogan gritado, bandeira a tiracolo, que significa isso? Não sei, me mandaram!

Sabedoria para discernir e liberdade para escolher. Espírito crítico e autonomia.

Essa é a missão precípua da escola: formar espírito crítico, capacidade de análise, linha de observação, independência de escolha. Fora disso, sobra o caminho do fanatismo, da injustiça, da ideologia dos privilégios.

Livre como os pássaros no céu

Seja livre. Não entregue seu direito de escolha. Não se submeta a amarras, crenças negativas e comandos pérfidos. Ponha a luz da sabedoria nas decisões. E siga a lei básica das relações humanas, traçada pelo Mestre: "Não faça aos outros o que não quer que os outros façam a você".

Se deseja pertencer a uma instituição, religião, grupo, partido, clube, sociedade, muito bem, desde que tenha nas mãos o direito à liberdade de escolha, de entrar, sair e discordar. Perceba que não estou pregando a revolta, a anarquia, o individualismo, mas apenas a sua obrigação de ser o que é em essência, ou seja, um indivíduo único, irrepetível, cuja dignidade se alça à altura da divindade.

Então, quer fazer a sua vida dar certo? Medite no que leu e, com certeza, estará desvendando o caminho.

A decisão é irmã da responsabilidade

Preste bem atenção no que agora vou dizer-lhe: a decisão é sua, a vida é sua, o caminho é seu. Ninguém está pegando você pelo pescoço. Mas, Deus não o jogou neste mundo sem carta de voo. Há uma sabedoria interior que, quando consultada, mostrar-lhe-á o caminho.

Toda decisão, no entanto, carrega consigo o peso da responsabilidade. Por ser um indivíduo livre, dono de si, autônomo, crítico, não está autorizado a ser doido, franco atirador, imprudente, autodestrutivo, agressivo e soberbo. Saiba que a plantação é livre, mas a colheita é obrigatória. Quem semeia ventos, colhe tempestades. O bem e o mal que faz, retornam multiplicados. Não esqueça que existem as Leis Universais que regem a vida e o universo, das quais ninguém escapa.

Faça

Faça sua vida dar certo. Faça. Será que você não está querendo que os outros façam por você? Não vá dizer que sua vocação é se deitar nas cordas. Conheci um indivíduo que dizia que só trabalhava quando tinha vontade e motivo. O problema era que quando tinha vontade não tinha motivo e quando tinha motivo não tinha vontade. E aquele meu amigo, sadio como laranja de amostra, que não trabalhava porque lhe ensinaram que trabalho é saúde e ele não estava doente.

- Se trabalho é saúde, por que não mandam os doentes trabalhar? - defendia-se ele.

Faça. Muitos vivem a lenda de que trabalho é sacrifício, dureza, desgaste físico, estresse. Nada mais equivocado. Trabalho significa ação humana na construção de um mundo melhor para si, para os seus e para a humanidade. Quando você carrega um saco de cimento, na verdade está carregando a casa dos seus sonhos, a empresa do seu projeto. Quando escreve um artigo no jornal, ou em qualquer órgão de imprensa, você está sentindo o prazer de se comunicar com centenas ou milhares de pessoas. Quando o médico está operando alguém, não está retirando um pedaço do corpo, mas curando a pessoa.

Faça sua vida dar certo. Faça. Não espere pelos outros, que eles têm seus próprios ideais.

Mas fazer o quê?

O primeiro passo é refletir o seu ser, analisar a sua vida, fazer a autodescoberta, para saber qual é a sua missão no mundo, qual o seu sonho maior, o seu projeto de vida.

O que você gosta de fazer? Qual é seu dom maior? Quais são suas tendências? Que aspirações você tem? Sem responder a essas questões, ficará rodeando a vida como mosca tonta.

Se não consegue descobrir suas potencialidades, seus dotes pessoais, seu ideal, peça ajuda. Mas, precisa encontrar resposta a essas indagações.

Sugiro uma pausa aqui para sua reflexão.

Objetivos a curto e médio prazo

Agora que tem conhecimento de suas

qualidades, aspirações, sonhos maiores, potencialidades, ajuste a mira na direção certa, ou seja, aponte para seu destino: determine seus objetivos a curto e médio prazo. Isso é importante, pois, se não sabe o que fazer, fará errado.

Aclarados os objetivos, responda: qual é sua motivação para chegar a bom termo? Uns se lançam com entusiasmo a um trabalho porque desejam adquirir um carro, outros querem comprar uma casa, assim como há pessoas que se empenham numa atividade com o intuito de conseguir recursos para uma viagem de navio. Além do prazer de fazer o que gosta, acrescente uma motivação especial. A soma dessas energias fará você correr com fé e alegria atrás do sucesso.

Eu tinha um amigo que mal suportava seu trabalho, não progredia, vivia desgostoso. Uma breve conversa com ele e ficou claro o problema: não tinha aspiração nenhuma, estímulo nenhum, tudo era rotina sem graça. Como poderia progredir?

Repetindo: quais são suas metas hoje e aonde você pretende chegar no fim do ano? Daqui a dois anos?

Ao pensamento segue-se a ação; à ação segue-se a materialização. Então, em frente! faça. Ação. Sem olhar para trás.

Sirva-se de todas as correntes positivas que

possam facilitar a escalada do marumbi da sua vida.

Não precisa pegar todas as pontas de uma só vez. Pode engasgar. Dê os passos conforme as pernas, mas sempre de olhos voltados para as metas. Se você estiver com o pensamento no seu próprio pico do marumbi, não se importará com os entraves e imprevistos. A mente entusiasmada e ambiciosa fará o corpo jorrar adrenalina e endorfinas, hormônios que estimularão corpo e mente na conquista dos sonhos.

Não escolha objetivos que deteste, porque o estresse o pegará na contramão. Tem gente de olho grande: atira-se em atividades que outros têm sucesso só porque vê possibilidade de também ganhar dinheiro naquilo, sem a mínima vocação para tal. A ambição de ganhar dinheiro não será suficiente para anular o desgaste, a chatice e o desprazer que sofrerá por estar fazendo o que não lhe atrai. Concordo que, em certos momentos da vida, seja necessário enfrentar situações esporádicas que lhe causam mal-estar, mas sempre de olho no seu projeto maior.

Prefira fazer o que gosta

Já foi visto como fazer o que não gosta. Mas, o ideal é nadar a favor da correnteza.

O melhor e mais fácil caminho do sucesso é fazer o que gosta. Faça o que gosta e goste do que faz. Comece a vida por onde for possível, mas sempre com a bússola direcionada para aquilo que aprecia fazer. Quando você adora o que faz, tudo concorrerá para seu bem-estar e saúde. Levantará de manhã animado, com vontade de recomeçar logo a atividade dos seus sonhos, caminhará bem-humorado, abanará sorridente para as pessoas e passará o dia em altoastral. Ao final do dia, contemplará embevecido sua obra, retornará para casa satisfeito e seu reencontro com os familiares será agradável e positivo. O estresse não terá lugar, pois o prazer da atividade compensará qualquer problema que aconteça.

Para que você entenda o que significa fazer o que gosta, vou comparar com a comida: uma coisa é ingerir qualquer comida, porque tem que se alimentar; outra coisa é alimentar-se de pratos não só nutritivos e saudáveis, mas também saborosos. Neste caso, sentar-se à mesa será sempre um prazer. No outro caso, fará refeições por obrigação e com desagrado. Seja inteligente: una o útil ao agradável.

Walt Disney fez esta recomendação: "Primeiramente encontre algo que você goste tanto de fazer que não se importaria de fazê-lo sem receber nada por isso; aprenda, então, a fazê-lo tão bem que as pessoas se sintam felizes em lhe pagar para que o faça".

Recorde aqui o resultado da pesquisa universitária que chegou à conclusão de que não é o dinheiro que faz felizes as pessoas, mas o contrário.

Infelizmente, uma pesquisa divulgada no programa Pequenas Empresas Grandes Negócios, de 5 de maio de 2005, apresentou este dado: "Somente 26 % das pessoas se sentem felizes no trabalho". Que horror! Mais de 70 % dos que trabalham o fazem com desgosto. Estão perdendo pelo menos um terço da vida.

Para usar uma expressão cabocla, esses indivíduos pensam que o trabalho é uma cebola que se descasca chorando.

Agora pare um pouco, afaste esse livro de si, feche os olhos e faça uma análise da sua atividade.

Gosta do que está fazendo?

Ou faz porque é obrigado?

Há uma forma de encontrar um trabalho mais gratificante?

Acha que merece ganhar mais ou sua produtividade fica aquém do que ganha?

Quando você meditar sobre quanto quer ganhar, não deixe de colocar no outro prato da balança o trabalho que produz. Diz o velho ditado que "do couro sai a correia".

Seja simpático no trabalho

Faça sua vida dar certo. Dedique-se ao trabalho com vocação, boa vontade, alegria e espírito solidário. Respeite seus colegas e colabore com eles; principalmente, irradie energias positivas. Assim, será elo de união e a união faz a força e rende mais.

Lembre-se que o empreendedor dá mais preferência a um funcionário aglutinador de forças do que a um perito feito cizânia no meio do trigo.

Inspire-se em colegas de sucesso. Seja educado e elegante com todos, mas evite aqueles que minam a união e se atiram nas cordas.

Não siga o velho ditame: "Dente por dente, olho por olho". Se você trompar contra um muro, se arrebentará. Seja flexível. O rio chega ao mar porque sabe contornar os obstáculos.

Pessoas insuportáveis

Quando sente antipatia e aversão por colega, ou por pessoas do seu grupo, comece analisando-se a si mesmo, pois, no fundo, a causa pode estar radicada em você. Às vezes, o outro é um espelho. Se você fala mal de alguém, não gosta de uma pessoa, sente-se constrangido em reuniões em que certa gente participa, não raro ocorre porque a pessoa toca em algo mal elaborado no seu íntimo, o que provocaria, sabe Deus, reações de inveja, baixa autoestima, perda de primazia, ciúmes, coisas da face oculta de cada um. Uma pequena reflexão fará bem, nesses casos. Se, porém, é, de fato, o outro que não irradia bons sentimentos e se porta mal, eis uma linda oportunidade de você ter um gesto de bondade e tolerância. Não olhe para o defeito, mas para o Deus que habita o coração desse ser humano.

Existem pessoas que são mal-humoradas e tornam difícil a convivência. Será você assim? Se for, não desanime, nem se acuse, tudo tem solução. Exercite seu sorriso todas as manhãs, diante do espelho. Faça a oração da bondade e da magnanimidade. Prometa-se cumprimentar seus colegas de trabalho com um sorriso e uma palmada nos ombros. Seja condescendente. Seja grato aos que lhe prestam serviço. Dê um tiau simpático, quando se despede. Vai falhar nesses propósitos? Sim, vai. Mas cada dia será mais fácil e mais natural tornar-se aquilo que você quer ser.

Festeje não só a chegada mas também a caminhada

É importante lembrar que a felicidade não está apenas na chegada, mas também no percurso. Felicidade não é feita somente para o momento da conquista, da glória, do diploma, do carro novo. Nestas circunstâncias, é claro que sentirá um prazer especial e o cérebro segregará endorfinas que produzirão sensações gostosas e você exclamará: "Estou feliz, consegui! Consegui!" Os familiares e amigos acrescentarão mais endorfinas, com abraços e palavras de felicitações. Mas, você há de convir que, cessado o estímulo cerebral, as endorfinas sumirão. Tudo acontece mais ou menos como no futebol: o time conquista a Copa Libertadores da América, festeja a noite inteira, mas já terá que viajar para a disputa do Campeonato Brasileiro e, conquistado esse, vai ao Japão na expectativa de ser Campeão do Mundo. As alegrias da conquista são fortes e rápidas. É claro que valem a pena. Quando escalei o Pico do Marumbi, senti prazer tão grande que compensou pelos esforços e sacrifícios enfrentados. Mas, o prazer da vida não deve ficar condicionado unicamente a momentos de glória. Muito menos deve ser relegado para quando se aposentar. A vida não pode ser transferida para mais tarde. Dizia o filósofo francês Martial Gueroult que "a vida de amanhã é tarde demais, viva hoje". A vida não pode esperar.

Não seja como aquelas pessoas que não desfrutam o hoje por medo do futuro. Dizem elas: "Não sei o que pode me acontecer, por isso quero estar prevenido. Vou economizar tudo agora para me garantir na velhice!" Então, não fazem férias, não vão a médico, não frequentam restaurante, não pisam em parque de diversões, não comem ovo para não jogar fora a casca; aguentam trabalho insosso, não dão presente, não atendem às necessidades dos familiares. Economizar, economizar, economizar. E se esse futuro nunca acontecer? Sabe você quanto tempo lhe será dado nesse planeta?

A caminhada também precisa ser fonte perene de felicidade, de alegrias, de bem-estar, de paz de espírito.

Nunca esquecer que a vida é hoje, aqui e agora. É só isso que existe. A doutora da Igreja Santa Catarina de Sena ensinava que "o caminho do céu é o céu".

Há religiões que inculcam a ideia de que esta vida é período de provação, para garantir o destino eterno. Isso é algo macabro e sem sentido. Pior ainda são certas crenças fundamentalistas que carregam quilos de explosivos no corpo de seus filiados para matarem pessoas, com a promessa de que serão recebidos no céu com festa e terão como recompensa muitas mulheres, prazeres, paraíso, felicidade sem fim. Jesus ensinava, com sabedoria: "Vim para que tenhais vida e vida em abundância". Deus é o Deus da vida e não da morte. Não é preciso repetir que você só estará em sintonia com o Criador enquanto harmonizado nos sentimentos de amor, felicidade, paz de espírito, alegria, justiça e fraternidade. Matar um irmão é matar a si mesmo. Lembre a sabedoria de Catarina de Sena: "O caminho do céu é o céu". Toda caminhada tem que ser céu. Cada vez que interrompe a caminhada para estourar bombas, explodir ódios, cair em mágoas, deitar na cama da depressão, estará entrando na encruzilhada dos sofrimentos. Enquanto viaja, desfrute a paisagem, cante, dance, ria, brinque, abrace as pessoas.

Repetindo: para que sua vida dê certo, ilumine os objetivos que o entusiasmam, acrescente a força da ambição que rompe barreiras, e vá em frente, desfrutando a caminhada. O caminho do céu é o céu. A felicidade não deve ser descalçada enquanto busca o objetivo.

Viva como se fosse morrer amanhã e trabalhe como se fosse viver duzentos anos.

É você muito submisso?

Agora analise o inverso do "faça": será que não está deixando de fazer o que quer para fazer o que os outros querem? A pessoa submissa, dependente, sem autonomia, é dominada pelos outros e faz só aquilo que lhe for mandado. Essa gente se ajoelha diante do peso de uma autoridade, e se intimida ao som de uma voz grossa. Sucumbe deploravelmente diante do poder e da tirania. Sente-se anulada, mas não têm força de reagir. Aceita tudo, como cordeiro, sem mas nem meio mas. Não tem voz nem vez. Não vive, é vivida pelos outros. Não é capaz de dizer não. Pode se revoltar internamente, mas não abrirá a boca. Sentir-se-á aproveitada e abusada, mas não reage. Está condenada a úlceras, câncer, estresse, problemas cardiovasculares, depressão. É o caso da esposa que não dá um passo sem consentimento do marido; submete-se a qualquer tipo de exigência do seu homem; tem medo de ser execrada; diz sim quando ele manda dizer sim e diz não quando ele quer que diga não; quer cursar a faculdade, mas deixa pra lá porque ele não aceita; não se emprega, não trabalha fora, porque ele proíbe. Se ele grita, baixa a cabeça. Autonomia, para ela, não existe.

Se você é assim, saiba que ninguém tem o

direito de escravizá-la. Mesmo que o marido aja dessa maneira na melhor das intenções, você não pode abdicar da sua individualidade e personalidade. Se ele é o doente, não é você que deve sofrer. Amor e liberdade são verso e reverso da mesma moeda. Ao contrário do que muitos pensam, no casamento não há um que manda, outro que obedece. Não existe hierarquia. São dois seres iguais, com os mesmos direitos e deveres. Caminhando lado a lado. Desfrutando as mesmas vivências. Com a mesma dimensão de liberdade. Esse é o casamento ideal, onde todos crescem, cada um à sua própria imagem e semelhança.

Casamento sem submissão

O que faz a perenidade do casamento não é o autoritarismo e nem a mesmice. Autoritarismo mata o amor. Mesmice torna chata a vida de ambos. Isso de ela só fazer o que ele quer ou ele só fazer o que ela deseja, não leva a nada. Acaba resultando numa vida que os dois não querem.

Para fazer a sua vida dar certo no casamento, eleve sua individualidade e realize-se como ser humano. Seja você, com seus dons, ideais, desejos, qualidades, valores. É assim que se tornará digna de sua existência. Essa é a única maneira de engrandecer o casamento e contribuir para a felicidade a dois.

Se você - acostumada a só fazer e obedecer o que ele quer - não sabe que passos dará para viver sua liberdade, sem ferir o compromisso do casamento, consulte psicólogo ou psicanalista, ou então leia sobre o assunto, converse com pessoa entendida, enfim, busque subsídios para sentir-se segura.

Cada um seja livre para fazer tudo que faz bem a si e melhora o casamento e a vida a dois, por exemplo, participar de cursos, palestras, ir à igreja, reunir-se com pessoas que acrescentam, unir-se a associações beneficentes e solidárias, trabalhar fora, realizar dons artísticos especiais, aprender algo que lhe faça sentido, visitar parentes, fazer férias com os filhos, viajar para finalidades de autorrealização, assim por diante. Tudo que faz bem é bom e o que é bom não se constitui privilégio de ninguém, mas é patrimônio do ser humano.

Você, marido, se está travado, sem força de decisão, assustado com sua situação econômica ou financeira, surpreso com as novas atitudes da mulher, sofrendo insônia, confuso, ansioso, por que não consulta psicanalista ou psicólogo? Hoje isso é tão comum. Faça algum curso de autoajuda ou leia livro que aborde suas necessidades e carências. O que não pode é ficar remoendo problemas e mais problemas, porque isso estressa e o estresse é o caminho da derrocada.

O marido tirano

Se você tem atitudes tirânicas contra sua esposa, examine onde se situa a causa, porque pode se tratar de insegurança, medo, complexo de inferioridade, ciúme, inveja. Isso não faz bem a você e nem a ela. Não é difícil corrigir, console-se. Se você se acostumar a ver o Deus que habita o íntimo de sua mulher, não se sentirá à vontade em massacrá-la.

Sempre é bom lembrar que tudo que você faz a outrem, acontece em si mesmo e retorna multiplicado. Ensinamento de Jesus, o maior sábio.

Como ninguém é igual a ninguém, tolerância e paciência são qualidades indispensáveis a quem vive em comunidade. Abra seu próprio caminho, mas aceite os outros como são. Tenha jogo de cintura em relação a ele ou a ela.

A vida a dois também pode dar certo

Vida a dois. Homem e mulher.

Quando um jovem e uma jovem estão apaixonados, eles têm a mais radical certeza de que pode cair o mundo, mas o elo amoroso jamais se romperá.

- Como não dará certo – dirão eles – se nosso amor é maior que o oceano, mais firme que uma rocha e de uma doação maior que a de São Francisco? Só um despeitado e mal-amado pode imaginar que o nosso amor não atravessará a vida inteira incólume e maravilhoso.

Quem já viu este filme, mal pode conter o sorriso. O que os apaixonados não aceitam é que amor tão esfuziante quanto o deles possa ter fim. Mesmo que tenham que viver numa minúscula cabana, no fim do mundo, garantirão que estarão unidos e inseparáveis.

É muito frequente ouvir essa apologia do amor apaixonado. Mal sabem eles que paixão é como antibiótico: tem prazo de validade. Normalmente se esvai lá pelos dezoito ou vinte meses.

Quando se esgotarem os arroubos e os arrulhos apaixonados, faz-se mister entenderem que o casamento não acabou. Apenas teve fim a paixão. Lembro aqui uma frase jocosa do conhecido escritor irlandês-inglês Oscar Wilde: "A única diferença entre um capricho e uma paixão eterna é que o capricho dura um pouco mais".

Não vou explicar o fenômeno dos hormônios, mas apenas dizer que o casamento pode ser conduzido tranquilamente pela vida em fora, até mesmo quando acaba a paixão. Finda esta fase, fica o melhor, a essência, ou seja, o amor, que pode ser descrito como uma profunda amizade, um estado de bem-querer, uma nova fase de boa convivência e de interesses mútuos.

Escreveu o poeta gaúcho Mário Quintana: "Com o tempo, você vai percebendo que para ser feliz com outra pessoa, você precisa, em primeiro lugar, não precisar dela". Não sei se realmente a frase é mesmo do Quintana. Colhi na Internet. Mas concordo com a ideia.

Já ouviu falar de Erich Fromm? Foi um escritor alemão (1900-1980), considerado um dos maiores psicanalistas do século vinte. Teve carreira bastante controversa e polêmica. Escreveu ele: "No amor ocorre o paradoxo de dois seres se tornarem um, mas continuarem a ser dois". Dois seres. No casamento, continuam existindo dois seres. O casamento não anula a individualidade, como muitos pensam e pregam. Pelo contrário, quanto mais abrangente a individualidade, maior será a dimensão da unidade. Quanto maior o número de árvores, maior a dimensão da floresta. A soma dos dois indivíduos fará a maior ou menor grandeza da união.

Não é paradoxo, é matemática. Por incrível que pareça, quanto menos um necessitar do outro, mais forte será o casamento.

Os dois estarão mais ou menos aptos para o casamento na proporção da capacidade de autorrealização individual.

O grande problema do casamento ocorre quando ambos vão para a união como dependentes um do outro. Nesse caso, haverá terreno propício para ciúmes, mágoas, queixas, medo de perder o companheiro, desconfianças. É o que faz a vida a dois se deteriorar.

Tenha em mente que você não necessita do outro para ser feliz. Felicidade, já escrevi, é estado mental individual. Mesmo que haja contratempos na vida a dois, no coração feliz o sol continuará brilhando.

Se você quer que seu casamento perdure com qualidade, medite sobre o que escreveu Francisco Cândido Xavier: “Não exija dos outros qualidades que ainda não possuem”.

Uma pesquisa realizada nos EUA aponta que somente uma mulher em dez reconhece seu marido como sendo o mesmo homem que era antes do casamento. (“Os Mais Belos Pensamentos de Todos os Tempos”). Dizem por aí que o homem casa pensando que a mulher não vai mudar e que a mulher casa pensando que o seu homem vai mudar.

Cabe aqui uma frase do escritor francês Jacques Chardonne (1884-1968): "Existe um segredo para a convivência feliz com a pessoa amada: não pretenda modificá-la".

Resumindo, analise essas condições básicas para que a vida a dois seja maravilhosa e durável:

1 – Mantenha firmes as qualidades que sustentam sua estrutura individual: autoconfiança, segurança interior, independência, harmonia interna e felicidade.

2 – Você é o sol do seu amor. Antes de tudo, ele há de aquecer você e brilhar em você; então, expandirá seu calor e luz para o companheiro. É uma verdade indiscutível, pois ninguém pode dar ao outro o que não tem.

O grande e profundo pensador, escritor, teólogo e filósofo Santo Agostinho de Hipona,(354-430), escreveu: "Se semeias amor em ti, só amor serão os frutos".

3 - A diversidade de pensamentos, crenças, projetos, ideologias, política, religião, esporte, jamais poderá prejudicar o amor que une o casal. Cada qual leva consigo o cabedal de riqueza interior que acumulou ao longo dos anos. Não é necessário que ambos pensem igual. A beleza e o progresso está na diversidade. O amor é que deve envolver

igualmente a ambos.

Escreveu o conhecido filósofo e psicólogo guru indiano Rajneesh, (1932-1990): "Amor é eternidade. Se ele está presente, então segue crescendo e crescendo. O amor conhece o princípio, mas não conhece o fim".

4 – Não queiras exigir perfeição do seu amado. Ele continua sendo um ser humano e errar é humano. Vale para os dois, é claro.

Há um provérbio chinês que diz: "Me ame quando eu menos merecer, pois é quando eu mais preciso".

5 – Mesmo em meio às intensas atividades da vida agitada, dê primazia ao seu pequeno mundo familiar, até porque aí está seu melhor abrigo e é aí que você vive a maior parte da sua vida.

Talvez seja interessante colocar aqui uma frase de Robert Haas: "Se os homens pusessem a serviço do seu casamento dez por cento dos cuidados e das habilidades que põem a serviço de seus negócios, a maioria dos casamentos seria feliz".

6 - Vida a dois é vida a dois. Mesmo prezando sua individualidade, saiba que não existe casamento sem unidade. Cultive a união, o amor e a boa convivência. Seu companheiro ou companheira é parte de você. O bem ou o mal que faz a ele ou ela, está fazendo a si.

7 - Os cuidados que tem para si, dispense-os também ao seu companheiro ou companheira. Não forçado e nem com má vontade, mas com carinho, imaginando como gostaria de ser tratado se estivesse na mesma situação.

Como dizia a artista Audrey Hepburn, no canal GNT, em 13 de outubro de 2000: "Deus lhe deu dois braços: um para si, outro para o próximo". Ora, seu próximo mais próximo é seu companheiro ou companheira de vida.

8 – Ajude seu parceiro naquilo que ele precisa ser ajudado, mas não faça por ele. Não foi só a você que Deus deu dois braços. Pitágoras, grande filósofo grego, já dizia: "Ajuda teu semelhante a levantar a carga, não a levá-la".

9 – Trate seu parceiro como quer ser tratado.

Um bom parâmetro para saber como está sua relação com o parceiro é se perguntar se teria coragem de fazer, à noite, quando vai dormir, esta oração: "Deus, trata-me amanhã como eu tratei hoje o meu companheiro!" É lógico que vale para ambos.

10 - Entenda que casamento não é negócio. A essência de uma união é o amor. Amor, na prática, é gostar de estar junto do companheiro, sentir-se bem com ele, fazer questão da presença dele, gostar de conversar com ele, guardar sentimento carinhoso por ele e querer o bem dele, tanto no dia a dia quan-

to na doença e nos momentos difíceis. Amor a dois se expressa por profunda amizade.

11 - Amor a dois contém a energia da atração física, que se manifesta em beijos, abraços e sexualidade.

O amor flui da mente e do coração para o corpo. O corpo é eco da mente e reflexo do coração. Quando o corpo dança, beija, abraça, sorri, canta, é seu coração que o faz. Deixe o seu coração fluir, brincar, cantar, soltar-se e vivenciar o êxtase desse dom inefável. Beijos, abraços, sexo, carinho, são antídoto contra envelhecimento, fortalecem o sistema imunológico e se constituem em elixir da juventude. Mas, relação sexual é como arte musical e, sendo assim, precisa de afinação do conjunto. Se apenas um toca bem sua música, o outro não sentirá o prazer da orquestra.

12 – Para que a vida a dois funcione primorosamente, sem mal-entendidos e ressentimentos desnecessários, é importante que ambos conheçam a psicologia masculina e feminina. O homem tem sua maneira própria de ver a vida, de se relacionar, de amar, de reagir às situações do dia a dia. A psicologia feminina é diferente, a mulher tem outra hierarquia de valores e sentimentos, outro paradigma de sensibilidade. Ele é sexo-amor; ela é amor-sexo. A falta de conhecimento das duas

psicologias existenciais é a causa mais comum de desentendimentos, mágoas, irritações, e até mesmo da insuportabilidade da convivência.

13 – Amigos e amigas. Hoje a psicologia valoriza muito o cultivo de amizades. O ser humano precisa de um círculo de pessoas amigas, confiáveis, confidentes, prestativas, disponíveis. É muito bom ter amigos, ou pelo menos um. Amigo ou amiga é o tipo de pessoa com quem você se sente bem, pode descarregar suas frustrações, aconselhar-se ou contar suas vitórias e alegrias. Ao invés de serem causa de conflitos para o casal, os amigos são refúgios abençoados, baluartes contra a depressão e a solidão, força contra o desânimo e fonte de incentivo para sobrepujar as tempestades da vida. Querer cortar as amizades da parceira, ou do parceiro, é sufocá-la, ou sufocá-lo. Quando um dos dois investe contra o outro por causa de amizades de escola, de profissão, de esporte, de religião, de política, de música, de coral, de teatro, etc, está demonstrando insegurança, medo e baixa autoestima. É mister que frequente gabinete de Psicologia ou Psicanálise, caso contrário tornará insuportável sua vida e a do seu par.

Há casais que, após a cerimônia da igreja, cortam literalmente todas as amizades, não participam de nada, não convidam e não aceitam convites, se isolam como se tivessem partido para outro planeta. E pensam que assim estão preservando o amor e o casamento. Ledo engano. Apenas estão adiando a crise que virá, porque ninguém é uma ilha. Pense nisso.

Mario Quintana e o casamento

Tempos atrás, recebi um texto sobre promessas matrimoniais, atribuído ao poeta gaúcho Mario Quintana (1906-1994). Não consegui averiguar se é autêntico, mas, como não deixa de ser útil e interessante a você, o transcrevo aqui, data vênia, como dizem os advogados:

"Escrevi um texto em que afirmava que achava bonito o ritual do casamento na igreja, com seus vestidos brancos e tapetes vermelhos, mas que a única coisa que me desagradava era o sermão do padre: "Promete ser fiel na alegria e na tristeza, na saúde e na doença, amando-lhe e respeitando-lhe até que a morte os separe?" Acho simplista e um pouco fora da realidade. Dou aqui novas sugestões de sermões:

Promete não deixar a paixão fazer de você uma pessoa controladora, e sim respeitar a individualidade do seu amado, lembrando sempre que ele não pertence a você e que está ao seu lado por livre e espontânea vontade?

Promete saber ser amiga(o) e ser amante, sabendo exatamente quando devem entrar em cena uma e outra, sem que isso o transforme numa pessoa de dupla identidade ou numa pessoa menos romântica?

Promete fazer da passagem dos anos uma via de amadurecimento e não uma via de cobranças por sonhos idealizados que não chegaram a se concretizar?

Promete sentir prazer de estar com a pessoa que você escolheu e ser feliz ao lado dela pelo simples fato de ela ser a pessoa que melhor conhece você e, portanto, a mais bem preparada para o ajudar, assim como você a ela?

Promete se deixar conhecer?

Promete que seguirá sendo pessoa gentil, carinhosa e educada, que não usará a rotina como desculpa para sua falta de humor?

Promete que fará sexo sem pudores, que fará filhos por amor e por vontade, e não porque é o que esperam de você, e que os educará para serem independentes e bem-informados sobre a realidade que os aguarda?

Promete que não falará mal da pessoa com quem casou só para arrancar risadas dos outros?

Promete que a palavra liberdade seguirá tendo

a mesma importância que sempre teve na sua vida, que você saberá responsabilizar-se por si mesmo sem ficar escravizado pelo outro e que saberá lidar com sua própria solidão, que casamento algum elimina?

Promete que será tão você mesmo quanto era minutos antes de entrar na igreja?

Sendo assim, declaro-os muito mais que marido e mulher: declaro-os maduros".

Qualquer idade pode dar certo

Quando uma pessoa começa a avaliar negativamente a idade, nenhuma época se salva. Dizem que a infância é a idade mais feliz, mas a criança não sabe; que a adolescência é a idade da "aborrecência"; que a juventude é a idade mais bonita, mas é desperdiçada pelos jovens; que a maturidade é a idade em que o indivíduo começa a se dar conta de que os sonhos não passam de sonhos; e que a velhice é a idade do salve-se quem puder. Nada mais melancólico e pessimista. Todas as idades são momentos de ouro. Preciosidades doadas pelo Criador. Não existe idade inútil. Se existisse, estaria fora do projeto infinito. Pelo contrário, todas as idades são igualmente valiosas, úteis, criativas e felizes. Em tese. O transtorno fica por conta da liberdade e da ignorância. Se você força seu carro continuamente, não troca o óleo, não põe combustível adequado, não revisa, é claro que, com o tempo, o veículo estará em péssimas condições. Embora a comparação seja precária, é o que acontece com o ser humano.

Normalmente falando, na idade efervescente da juventude o indivíduo tem mais espaço físico e menos espaço mental. Claro, devido aos seus vinte anos. Esbanja energia física, esse é seu forte. Na idosidade, ele tem menos espaço físico e mais espaço mental. Sim, porque tem mais tempo de vida, de experiências, de conhecimentos, de emoções. Domina ampla vastidão do seu mundo interior. Sem falar que felicidade é dom de todas as idades.

Não é preciso dizer que a infância é a idade risonha da vida e a adolescência é a idade da flor que desabrocha e recende perfume inebriante. Juventude é a idade da águia que levanta voo, buscando a realização de seus alcandorados sonhos.

E a maturidade? Linda etapa da vida em que a criatura humana se sente um deus criador.

Resumindo: cada idade é única e não há motivo para saudosismos e lamentações.

Filhos pequenos

Não vou entrar fundo no campo da Psicanálise freudiana, que atribui os problemas da vida às situações conflitantes da infância. Mas é bom chamar a atenção dos pais para que tratem a criança, desde o nascimento, ou melhor, desde a gestação, com muito amor e carinho.

Não bata na criança - ensine-a.

Não a empurre - conduza-a.

Não a insulte - aconselhe-a.

Não descarregue nela suas frustrações do dia - abrace-a para receber uma bela carga de energia amorosa.

Não a imagine sem inteligência e sem capacidade de entendimento - compreenda a dimensão de sua idade.

Não a trate duramente como a um pedaço de madeira - ausculte seus sentimentos e a amorosidade do seu coração.

Não lhe dê castigo proporcional à sua irritação, mas do minúsculo tamanho de uma falta infantil.

Tenha conhecimento do que é trauma, medo, timidez e abandono, para evitar que isso aconteça com seu filho.

Não xingue seu filho, quando chora para

acompanhá-lo - compreenda-o.

Não troque seu filho pelos companheiros de bar.

Não seja ausente - aproveite todas as ocasiões possíveis para brincar ou conversar com seu filho. Lembre-se que a infância e a meninice nunca mais voltarão.

Evite, com antecedência, compromissos por ocasião do aniversário do seu filho.

Saiba que seu filho se sentirá frustrado se não notar a presença do pai e da mãe no dia de sua apresentação na escola, seja encenação, coral, boletim, primeira comunhão, ou outro evento.

Sempre que puder, principalmente em fins de semana, leve seu filho a passear. Para ele, sair com você é uma festa.

Adolescência

Assim como todo botão de rosa, que se desata em pétalas esplendentes, oferecendo à vida um raro espetáculo de beleza e emoção, assim é a adolescência.

Adolescência - flor que se abre para o mundo. Sonho de liberdade. Efervescência do coração. Corpo irradiante de sensualidade.

Adolescência – ânsia incontida de conquistar

o desconhecido, montada apenas no fogoso corcel do seu arrojo, alijando de si os que ousam ensiná-la sobre a vida ou queiram acompanhar seus primeiros passos de liberdade.

Adolescência – idade sem a paciência da espera.

Adolescência – fase da sublimação das incoerências: não aprendeu a nadar e já quer jogar-se nas águas; não conhece a estrada, mas se arroga o direito de buscar o seu destino; recém amealhou o bê-a-bá da vida, mas se imagina enciclopédia de conhecimentos e experiências.

Quisera que a adolescência aprendesse a lição da flor, que é sonho de amor e liberdade, mas não se desfaz do tronco que lhe deu a vida e que sustenta sua beleza e seu perfume!

A visão da adolescência sobre si mesma é a visão do sonho dourado, da vida sem aresta, da certeza de si. É a visão deslumbrada de quem inicia a própria viagem turística da vida.

Mas, minha querida adolescência, nem tudo que brilha é ouro. Calma, caldo de galinha e conselho de pais, professores e psicólogos, não fazem mal a ninguém, nem a você. Seja inteligente como diz que é: olhe ao seu redor e veja tantos jovens perderem a vida insensatamente. Perder a vida, acabar, cemitério, flores murchas, nada mais! Destino que você, adolescente, jamais quererá para si, pois seus sonhos pertencem a um futuro risonho, feliz, cheio de amor, filhos, alegrias, festas e felicidade. Sim, acredito na sua lucidez e chega de conversa. Tenho certeza que você fará sua vida dar certo. Basta que, nas horas explosivas, coloque diante dos olhos aquela placa que alertava o povo sobre a passagem de trens: "Parar, olhar, escutar".

Parar. Pare. Você não sabe tudo como supõe. Recém está começando. Nada adote e nada rejeite impulsivamente. Pare. Se não parar, não há como se situar. O mundo está cheio de jovens que não param, não medem a situação, seguem correndo feito doidos. Não sabem para onde vão, só sabem que não podem parar. Tenha calma nessa etapa efervescente da vida e vá andando passo a passo, que tudo acontecerá de acordo com seus sonhos. Meu professor de língua grega dizia: "Vou devagar porque tenho pressa". Devagar se vai ao longe.

Olhar. Olhe. Veja o que acontece com tantos jovens drogados, aidéticos, envolvidos com gravidez, sem futuro, sem escola, sem emprego, sem ideal, sem projeto de vida. São os que fazem a vida com olhos míopes. Para esses, o mundo é cinza. Mas há os que têm visão aberta e acreditam num mundo maravilhoso e num futuro promissor. Você, adolescente, é um desses.

Escutar. Escute. Escute os que sabem, os que têm experiência e estudo, os que amam verdadeiramente você. Quanto a isso, seus pais ganham de longe de qualquer outro conselheiro. Mais do que qualquer outra pessoa, eles tudo analisam sob o prisma do amor. Mesmo que você garanta que sabe mais do que eles, assim mesmo escute-os. Não se apresse a tomar decisões. Você terá tempo ilimitado para satisfazer seus desejos de amor, de transa, de liberdade, de diversão. Faça sua vida dar certo. E vai dar certo, tenho convicção.

Arrancada de jovem

Se você é jovem, maravilha! Está no partidor. Tem condições privilegiadas de começar bem sua caminhada profissional. Faça uma avaliação, por si ou com especialista, de seus dons, gostos, aptidões e tendências, para, então, acertar o caminho da universidade e da profissão.

Com estudo ou sem estudo, o essencial é que você comece a trilhar o caminho dos seus sonhos. A prática é também ótima escola. Mesmo sendo autodidata, você conseguirá guindar-se à mais alta categoria de sua profissão. Meu avô dizia que diploma não encurta as orelhas. A verdade é que você sentirá impulso irresistível de aprofundar conhecimentos sobre a sua profissão, porque é o que gosta de fazer e qualquer pessoa adora saber tudo sobre o que gosta.

Amigos da juventude

Sei que você, como todo jovem, pensa que sabe tudo e não precisa de conselhos. Não vou dar-lhe conselhos, apenas alertá-lo de que, na sua convivência, encontrará amigos e amigos. Haverá aproveitadores que quererão beber às suas custas, usar seu carro, viciá-lo em drogas; encontrará os que não querem nada com nada e têm cabeça de abóbora, tentando induzi-lo a também viver essa vida mansa. Terá amigos que estudam e lhe contam sobre coisas da aula; compartilhará esportes e viagens com gente legal, de bom coração, capaz de ser boa companhia; verá amigos que o compreendem e incentivam; haverá amigos que vibrarão com suas vitórias. A escolha é sua. Ter amigos que acrescentem é a suprema sorte, porque amigo sempre exerce influência. Ou para um lado ou para outro.

Estude. Se os seus pais querem muito que você curse o segundo grau e a faculdade, é porque acreditam que a educação é a melhor herança que podem lhe deixar. A vida não é apenas rascunho.

Jovem, não perca tempo. Faça sua vida dar certo.

Maturidade

A partir dos trinta ou quarenta anos, você tem a mente madura, bastante estudo e experiência, por certo já concretizou seu sonho de casamento, algum filho aconteceu e os negócios entraram nos eixos. Seus projetos estão em andamento e suas perspectivas são animadoras.

No afã de ganhar dinheiro, adquirir móveis e imóveis, nunca esqueça que sua maior riqueza é a família. Na sua agenda diária, reserve tempo para o seu casamento.

Conheci casais que se atiraram à luta para adquirir, primeiramente, móveis modernos, depois carro, em seguida, negócio próprio e, por fim, renda mais polpuda. Aumentaram as horas de atividade, no intuito de melhorar sempre mais o conforto do casamento. Esqueceram, no entanto, o principal: tempo para o cultivo da vida a dois, para a alegria de viver, para o filho, para o fortalecimento do amor. Deixaram o fogo apagar e o casamento foi por água abaixo, embora economicamente estivessem num grande momento. Não esqueçam o principal.

Amor é vida.

Rotina é estagnação.

Desinteresse é morte.

A maturidade é a grande oportunidade de fazer sua vida dar certo em todas as direções.

Idosidade

Mas, a idade mais desavisada e maltratada é a idosidade. Philip Toth, escritor americano, (73), escreveu que " a velhice é um massacre". O General e Presidente francês Charles de Gaulle também foi trágico ao dizer que "a velhice é um naufrágio".

Eu digo que velhice é palavra que deve ser riscada do dicionário. Deturparam-na tanto, que é melhor apagá-la. E, hoje em dia, até já foi substituída por "terceira idade". Os mais positivos chamam-na de "melhor idade". Nas minhas palestras, faço ver que velhice e esclerose são ideias que devem ser tratadas como superstições. Têm amálgama negativo. "Melhor idade" é expressão que oferece bela perspectiva. Mas, ao invés de ser chamada de "terceira idade" ou de "melhor idade" é mais condizente chamá-la de "primeira idade continuada". Sim, "primeira idade continuada". Dizem os sábios que juventude é estado de espírito. Portanto, pouco importa a quantidade de anos somados.

A vida é um caminho sem interrupção. Não há compartimentos estanques. Se a pessoa está centrada em sua essência, toda a caminhada é feliz, maravilhosa, alegre, positiva e produtiva.

A verdadeira idade não está na soma de dias, mas na maneira como são vividos os dias. É por isso que existem jovens de oitenta anos e velhos de vinte anos.

Os franceses não usam a palavra oitenta, mas quatre-vingt, que, etimologicamente, significa quatro vezes vinte. Você não tem oitenta anos, mas quatro vezes vinte. Quer dizer que volta sempre ao pináculo dos vinte anos e daí não passa. Vinte anos: idade brilhante, esfuziante, idealista, ensolarada. Assim acontece aos oitenta anos, para os jovens de espírito.

Idade é estado mental

Quando se diz que juventude é estado mental, fica incluído o corpo ou é apesar do corpo? É claro que se inclui o corpo, pois a mente é a vida do corpo.

Mente jovem, otimista, feliz, confiante, fará um corpo exuberante e cheio de vida.

Mente dominada por pessimismos, negativismos, hostilidades, mágoas, ansiedades, tristezas, estresse, preocupações e medos, desconcertará o corpo, conduzindo-o à decadência.

Já que juventude é estado de espírito, mantenha a mente alegre, confiante, positiva, otimista, bem-humorada, cheia de fé, e seu corpo responderá de acordo.

Ilumine seu coração de amor, felicidade,

entusiasmo e amizades – e verá essa energia superior iluminar seu corpo e fazê-lo funcionar harmoniosamente.

O amor não só mantém o corpo saudável, como também pode curar enfermidades.

Segundo estudo realizado na Holanda, os otimistas vivem mais. Isso é óbvio. Mas, para muita gente, é preciso provar. Aí está.

Ligue-se no espírito, imanente, e sentirá que sua dimensão tem a grandeza de um deus. O corpo sentirá a vibração benéfica dessa energia cósmica e infinita.

Idade física

Li, em artigo da revista Veja, maio 2006, que um homem de 70 anos pode ter hoje desempenho intelectual, físico e sexual, semelhante ao que teve aos 40 anos. Uma mulher de 50 anos pode ter a pele lisa e suave que desfrutava aos 30.

O médico americano Michael Roizen, escritor, há muitos anos se dedica a estudos sobre envelhecimento, inclusive fundou o Real Age Institute. Assegura ele que exercícios físicos podem fazer com que os músculos, na maturidade, fiquem até quarenta anos mais jovens. A receita de Roizen é a prática de atividades aeróbicas no mínimo três vezes por semana, combinadas com cerca de dez minutos de exercícios com peso, que obriguem os músculos a chegarem ao limite.

No mesmo artigo, é citada a boa notícia de que o ácido láctico está longe de ser um vilão, pois, na verdade, funciona como combustível para melhorar o desempenho dos atletas e nada tem a ver com as dores do dia seguinte. Este depoimento é resultado de uma pesquisa realizada ao longo de trinta anos e divulgada agora por um grupo de cientistas da Califórnia.

Em qualquer idade, preconizam os médicos, é preciso se mexer para preservar o tônus muscular. Um estudo realizado pela Tufts University, nos EUA, analisou o efeito dos exercícios de força em mulheres idosas, com faixa etária média de 73 anos. Em apenas duas semanas de treino, elas apresentaram um ganho significativo na quantidade de músculos. Após doze semanas, também houve aumento de força muscular. Estudos recentes realizados por pesquisadores do Hospital de Reabilitação da Universidade de Harvard, nos EUA, confirmam que, mesmo os indivíduos sedentários durante muito tempo, recuperam força muscular quando voltam a se exercitar.

Mexa-se. Caminhe. Nade. Faça exercícios físicos. Tenha uma boa alimentação. Diz o Dr Roizen que "um programa alimentar na base 1.500 a 2.000 calorias diárias sofre menos com a balança e vive mais".

Faça a vida dar certo além dos sessenta

Em 2006, ao realizar jornadas e palestras em Portugal, coloquei no data-show 14 itens para manter a alegria de viver, além dos sessenta anos de idade.

Tenho observado que, quando chega o tempo da aposentadoria, a mulher tende a acomodar-se em casa, o homem não sabe o que fazer e o tédio torna a vida aborrecida. Cada dia, a mesmice. Certas mágoas aparecem para carregar mais as rugas e algumas pessoas são envenenadas pelo pessimismo e pela depressão, sentindo-se inúteis. Para essas pessoas, nada tem graça, tudo é chato, tudo é desprazer. Aqui é fundamental frisar que não existe idade inútil e nem enfadonha. Já falamos a respeito, mas nunca é demais repetir.

No outro dia, uma amiga me contou que um senhor de noventa anos lhe disse que não esperava mais nada da vida, apenas a hora de embarcar.

- Por quê? – perguntou ela.

- Porque já estou velho, não posso andar

como antes, ando meio estropiado, assim a vida não presta.

A vida é o que a pessoa pensa. Para quem acredita que a vida não presta, a vida não presta. Pensar é ser.

Toda idade é idade de ser feliz, útil e produtivo.

Acompanhe os 14 passos para programar a alegria de viver aquém e além dos sessenta anos.

1 – Comece o programa de vida na hora de deitar. Agradeça o dia e determine que vai acordar alegre, feliz, cheio de energia, em altoastral e perfeita saúde física, mental e emocional.

2 – Ao despertar, agradeça a noite e a vida. Decida que este será um dia feliz, abençoado, cheio de boas surpresas. Pule da cama com alegria, porque sabe que algo espera você lá fora, algo especial, inusitado, instigante, que o motiva, o anima e o entusiasma. Tome um banho gostoso, que água é energia. E vá à conquista do melhor dia de sua vida.

3 – Tenha o que fazer. Algo prazeroso; um hobby; esporte; música; caminhada; visita; encontro de amigos e amigas; trabalho agradável e criativo, seja nos fundos da casa, na garagem ou fora; especialize-se naquilo que gosta

de fazer; pertença a um grupo de assistência social ou voluntariado; faça uma viagem; dedique-se a uma horta; tenha algum entretenimento, como um cachorro, gato, pássaros, leitura, aprendizado de idioma, pintura, qualquer coisa.

4 – Reflita sobre a realização de ambicioso projeto pessoal, a curto, médio e longo prazo.

5 - Não seja ranzinza, chato, impertinente, negativo, amargo, desmancha-prazeres. Crie o hábito de pensar positivamente, vendo sempre o lado bom de tudo. Leia livros de autoajuda, romances, literatura que aprecie; sirva-se de CDs de mentalização; participe de palestras e jornadas com temáticas do seu interesse; conviva com pessoas alegres e de bem com a vida. Ponha frases positivas e animadoras no espelho e em lugares apropriados da casa.

6 – Não fixe a mente em palavras bloqueadoras, como: carestia, vida difícil, país vai mal, está tudo pela hora da morte, velho não tem vez. Tenha em mente que o universo lhe pertence e a vida é uma festa. Você é o que pensa.

7– Lembre-se que o cérebro continua se desenvolvendo até mesmo em idade avançada, através de atividades que representem novidade e desafios. Procure novidades e desafios, por exemplo faça a viagem que sempre quis realizar; arrisque-se a uma aventura; aprenda um idioma, um instrumento musical, participe de coral ou conjunto musical; produza artesanato, bordado, tricô; faça o curso universitário que sempre teve vontade; pertença a um grupo esportivo; vá a reuniões culturais; aceite uma pescaria; percorra trilhas ecológicas; escale montanhas; acampe; enfim, ative os neurônios cerebrais.

8 - Cuide do seu corpo. Se o arruinar, onde você vai viver? O corpo não é descartável nesta vida. Sempre contraponha momentos de excesso com compensações de ginástica, caminhadas, natação, dietas saudáveis. Dizem os estudiosos que exercícios físicos, uma taça de vinho tinto às refeições, leituras, ajudam a evitar o Alzheimer.

Segundo o Journal of the Alzheimer´s Association, de 21/02/2005, é preciso manter o coração ativo e saudável, exercitar o corpo e aprender coisas novas. As pessoas fisicamente ativas têm 30 a 40 % menos probabilidades de sofrer Alzheimer, comparativamente às sedentárias. Outros fatores poderão contribuir para afastar a doença, nomeadamente o nível de educação, status social, vontade de aprender, o apoio emocional de amigos e a família, consumo moderado de álcool e o uso de suplementos vitamínicos. Curiosamente, os fatores genéticos aparentam não ser determinantes. (Revista Performance, 2006). Uma outra notícia, situada na mesma página da revista Performance, diz o seguinte:

"Investigadores da Universidade de Washington chegaram à conclusão de que o treino aeróbico melhora substancialmente os índices físicos, independentemente da idade, e pode, inclusive, ser mais vantajoso para idosos do que para jovens".

9 – Pratique espiritualidade, frequente igreja e pregadores que transmitam alegria de viver e incitem a fé, a esperança, o amor e a crença num Deus de bondade.

10 – Sinta-se independente, autônomo, autossuficiente, lúcido, capaz, útil. Irradie fé e alegria para as pessoas com as quais convive. Você é filho de Deus, com qualquer idade.

11 – Viva a vida enquanto viver. A vida não tem aposentadoria. É como vinho: quanto mais velho, melhor e mais valioso.

12 – Em qualquer circunstância, tenha fé irredutível de que você é maior do que as dificuldades, desacertos, fracassos, vícios e carências. Levante a cabeça, mente para o Alto, coração para a fé que move montanhas, pés para seguir adiante. As dificuldades são do tamanho que as ima-

gina. Erros não são erros, são aprendizado. Fracassos são apenas lições que precisavam ser aprendidas. Vícios ensinam que a criação de bons hábitos desencadeia a mesma força em seu benefício.

13 – Felicidade não depende de idade. Mente e espírito jamais envelhecem e é aí que está a sede da felicidade. Não é em vão que diz a bíblia: "Na velhice darão ainda frutos; estarão ainda cheios de seiva e de vigor".

14 – Chave de ouro: seja alegre, ria bastante e tenha bom humor. Riso é saúde, fortalece o sistema imunológico, prolonga a vida, torna linda a convivência e faz a vida mais bonita.

Qualquer idade é idade para fazer a vida dar certo.

O que é mesmo a vida?

O escritor irlandês Oscar Wilde, que viveu na Inglaterra, disse: "A vida é importante demais para ser levada a sério".

Jesus foi muito psicológico quando avisou que é preciso ser como as crianças. Faça, projete, crie, mas nunca esqueça que a vida é uma criança. A criança é o paradigma do hoje, aqui e agora.

Faça a sua vida dar certo. Vida? Que vida? O que é a vida?

Para muita gente, explicar a vida é dar nó em pingo d´água. Façanha transcendental.

- Vida não se explica, se vive – dizem eles.

Mas, há os que acham que definir a vida é chover no molhado, pois quem não sabe o que é a vida? Até aquele louco descreveu-a com certa sabedoria: "A vida é aquela cuja vivemos a qual".

Pois bem, para começo de conversa, vamos defini-la assim: "A vida é a trajetória terrena de cada um".

A partir dessa colocação, entram em cena a Filosofia, a Teologia, a Sociologia, a Psicologia, a Psicanálise, a Psiquiatria, a Medicina e a Biologia, para tentarem explicar em que consiste essa trajetória e como ela é feita. Cada fatia da Ciência define a vida de acordo com seus parâmetros. No fim de tudo, a gente tem uma verdadeira sopa de ideias.

O mesmo acontece com as pessoas. Ninguém consegue deixar de dar uma palavra sobre a vida. O interessante é que cada qual analisa a vida de acordo com sua situação atual e suas crenças sedimentadas. Poucos, raríssimos, conseguem transcender sua história existencial para definir a vida em termos abrangentes e genéricos.

Uma coisa é você definir a vida por aquilo que lhe acontece e por seus aprendizados, outra coisa é buscar a verdade fundamentada na sabedoria universal.

O que se disse sobre a vida dá para encher o Oceano Atlântico: há definições poéticas, patéticas, proféticas, ascéticas, heréticas, herméticas - só para brincar de rima. Algumas não passam de trocadilhos, brincadeiras, descargas emocionais, ou então chegam revestidas de unção científica. Às vezes, a definição é tão sem pé nem cabeça quanto o volume das palmas que recebe. Como aquele conferencista que bradava com toda a força de seus pulmões: "Um certo cientista, não lembro quem, disse não sei bem o quê, em certa ocasião que no momento não me ocorre, numa conferência que já não lembro o assunto, proferida numa cidade cujo nome não me vem à memória, que antes de tudo e acima de tudo, por conseguinte e de acordo com certas coisas que às vezes acontecem e outras não, a vida, a vida verdadeira entre todas as vidas que vivem por aí, é aquela cuja morte não a alcançará jamais, enquanto estiver viva". Palmas ensurdecedoras. Durma com esse barulho! Mais pitoresco foi o que aconteceu numa palestra em que o orador proclamou:

- "A vida, como a concebo, deve ser algo que deleite!"

O camponês, que ouvia atentamente, observou:

- Que dê leite? Então a vida é uma vaca!

A título de curiosidade, cito-lhe algumas definições jocosas sobre a vida.

*****

A vida é curta: coma a sobremesa primeiro.

(JOY SOMMERS)

*****

A vida seria infinitamente mais feliz se pudéssemos nascer com 80 anos e fôssemos lentamente atingindo os 18.

(MARK TWAIN, escritor americano)

*****

Não há cura para o nascimento e a morte, a não ser usufruir o intervalo.

(George Santayana)

*****

A vida encolhe ou estica conforme a coragem de cada um.

(ANAIS NIN)

*****

Não leve a vida tão a sério, afinal você não sairá vivo dela!

(Autor desconhecido)

*****

Mesmo a caminho da forca, desfrute o passeio.

(Autor desconhecido)

*****

Viva enquanto viver.

(Autor desconhecido)

*****

A vida é um pau-de-sebo com uma nota falsa na ponta.

(Do folclore popular)

*****

Há, enfim, muitas outras definições da vida, umas negativas e pessimistas, outras positivas e otimistas. Você deve conhecer algumas, com certeza.

Então, como ficamos? O que é a vida? Qual o sentido da existência?

Antes de qualquer outra consideração, a existência é uma passagem positiva e benéfica por este planeta. Para que aconteça essa trajetória positiva e benfazeja é mister que você seja positivo e benfazejo. Ninguém dá o que não tem, ninguém colhe o que não semeia.

Todos os seres criados por Deus – sem dúvida, temos um Criador, porque nada sai do nada – obedecem a uma ordem cósmica harmoniosa, que constitui a incomensurável sinfonia divina. Você é o um e, ao mesmo tempo, o todo. A existência humana compartilha esta maravilhosa ordem universal cuja energia impulsionadora se chama amor.

Como obra superior da criação, você é amor, luz, felicidade, poder, sabedoria, liberdade, com o destino de cumprir plenamente sua função, tanto interna quanto externamente.

Cumprir o destino é o exercício do ato

criador, a parceria com Deus. O ser humano é o parceiro número um do Criador. Coube-lhe o poder de criar e de mudar já, ao passo que uma rocha leva milhões de anos para estruturar-se ou desestruturar-se. Muda lentamente.

O sentido da existência é um perene fazer-se e fazer, sempre através da energia do amor.

Fazer-se é ação individual. Significa ser amoroso, feliz, fraterno, solidário, cooperador, criador, harmonioso.

Fazer é sua relação com o todo. Significa expandir para fora esse estado interior, exercendo assim a capacidade de contribuir para o crescimento e harmonia do cosmo.

Esta é a ordem natural da criatura humana. A desordem provoca cataclismo interno e externo, gerando conflitos, sofrimentos, violência, caos e morte.

A vida na prática

Entrando no campo prático, vamos diretamente ao que lhe interessa: Qual é o sentido da _sua_ existência pessoal? Como você encara sua vida? Sim, aqui estamos falando da sua vida e não da vida dos outros. Não olhe para os lados, olhe para si. A sua vida é *sua* vida. O seu caminho é *seu* caminho. A sua mente é *sua* mente. O seu ideal é *seu* ideal.

A sua vida é sua missão. Única. Sem dublagem e sem clonagem. Individual. Só você faz a sua vida. Até a salvação é individual.

Para aqueles que insistem que o foco da vida é o bem do próximo, responda que seu próximo mais próximo é você. Cabe a você e a ninguém mais se responsabilizar por esse próximo. É bom lembrar que todo social começa pelo individual.

Certa vez, perguntei a um senhor sobre o que pensava da vida e ele respondeu que não pensava nada, não tinha tempo para essas coisas, que o que importava era levantar cedo, batalhar pelo pão de cada dia, tomar umas que outras no bar da esquina, fazer amor e deixar a vida rolar assim como Deus fez a mandioca.

Coloquei a mesma questão existencial a uma senhora e ela comentou que a vida é uma caixa de surpresas, não há como controlá-la, pois nem tudo se consegue e, quando menos se espera, o mundo vira terra arrasada e a depressão pega fundo a gente.

Quis saber de um cristão fervoroso o que esperava da vida e ele me explicou que não esperava nada, deixava tudo nas mãos de Deus.

E você? Deu algum sentido à sua vida? Que nota poderá dar à sua performance atual, somando tudo que lhe aconteceu até o momento?

Há uma pergunta bastante comum feita a entrevistados de jornal e tevê:

- Se pudesse voltar no tempo, faria tudo igual ou há algo de que se arrependeu?

Geralmente a pessoa responde que faria tudo igual. Você também daria a mesma resposta? Sinceramente, não acredito muito nesse tipo de resposta, porque sempre acontece algo que seria ótimo se não tivesse acontecido ou se tivesse ocorrido de maneira diferente. Uma coisa é dizer que faria tudo igual, outra coisa é dizer que tudo que aconteceu foi bom, porque, mesmo as situações e acontecimentos desagradáveis e sofridos, trouxeram lições importantes para a vida. A sabedoria reside em aproveitar as lições que a vida tem oferecido a cada dia.

Imagine-se subindo ao alto da montanha da sua idade. Chegou. Agora lance um olhar para trás: o que vê? Como percebe os anos percorridos? Guarda lembranças positivas ou destila amargor devido a fatos desairosos que não saem da memória?

Seu passado trouxe dividendos positivos

Tenho certeza de que, se você contemplar

seu passado com certa condescendência, perceberá que a vida foi magnânima e generosa com você. Veja como você era e como é agora; analise o que você possuía e o que possui agora; some as amizades que tinha e as que tem agora; meça os conhecimentos de outrora e os conhecimentos de hoje; anote quantas viagens tinha realizado até quinze anos atrás e quantas efetuou até esse dia; calcule quantos momentos felizes teve na infância e quantos se somaram até aqui. Verifique, por alto, quantas leituras fez, a quantos filmes assistiu, de quantos encontros participou, quantas horas de espiritualidade, quantas festas, quantos bailes, quantos momentos de prazer, quantas situações gloriosas...

Realmente, meu querido, minha querida, sua vida tem sido uma passagem abençoada, não sei como você não se tinha dado conta.

Não seria demais comparar a sua vida com a comida que ingere: à medida que vai andando, o alimento é digerido, processado, aproveitado, e o resto, que não serve, será eliminado e jogado fora. Todo alimento, bom ou ruim, saudável ou prejudicial, passa pelos mais variados e sofisticados setores do organismo, que busca recolher o que é aproveitável e desfazer-se do que não presta. Se o indivíduo insistir demasiadamente em comidas estragadas, indigestas, agressivas, sem valor nutritivo, poluídas, com o tempo alguns órgãos perderão a capacidade funcional e entrarão em colapso. Assim, a vida. Se você vive de forma negativa, pessimista, azeda, sua vida adoecerá e você estará adoecendo o planeta e o cosmo.

Se vive alegre, confiante, feliz, amoroso, positivo, otimista, buscando tornar o mundo melhor pela realização dos seus sonhos grandiosos, sua vida será abençoada e a humanidade, o planeta, os céus e o cosmo, bendirão sua presença. Dessa forma, você estará em sintonia vibratória com o universo e sentirá o fluxo e refluxo de energias benéficas. Este é o sentido de sua existência.

A melhor maneira de fazer sua vida dar certo é manter-se em harmonia com seu microcosmo e com o macrocosmo.

Se sua vida está dando errado

Cada qual colhe o que semeia. Já foi dito. Nada acontece por acaso. Não há efeito sem causa.

Se a sua vida está dando errado, procure a causa em você. Muitas pessoas não gostam de olhar para dentro. Preferem jogar a culpa nos outros ou no azar: "Eu vou mal porque o destino está sendo cruel comigo. Ponto final".

E os pessimistas de carteirinha? Esses dizem

que não há nada tão ruim que não possa ser pior. Quando estão no fundo do poço acreditam que ainda vão cair no subsolo do fundo.

Há literaturas e novelas e filmes que calcam todo o enredo em fracassos, sofrimentos, crueldades e infelicidades. Por mais que psicólogos e sociólogos digam que ficção não influi na vida das pessoas, é de se admitir que todas as imagens, cenas, palavras, são sementes jogadas em terreno fértil. Criam ideologias e crenças de que o mal é mais forte do que o bem, que a vida é uma desgraça, que o ser humano não presta por natureza, que não adianta lutar, pois o mundo é dos espertalhões, assim por diante. O fato de um filme ou novela levar trezentas horas destacando o mal, a infelicidade, os conflitos, e apenas três horas para clarificar o bem, a felicidade e o amor - gera a crença de que a vida é sucessão de coisas erradas e apenas alguns minutos finais acabam dando certo. Quando dão certo. Essa ideologia equivocada é desastrosa. Produz gerações de pessoas cépticas, desconfiadas, desamparadas mentalmente. Pior é quando fazem o mal sobrepujar o bem, o que é erro crasso, na ordem do universo. Mais catastrófico ainda é quando fazem o mal produzir o bem, o errado produzir o certo, a violência produzir a paz, o roubo produzir a riqueza, o ciúme produzir o amor, a corrupção produzir o progresso. O descaminho nunca leva ao caminho. Não sei quantas vezes já escrevi essa verdade.

Não seja dependente psicológico

Sua vida dá errado quando você fica dependente dos outros. Procure firmar suas posições em princípios vigorosos. Se errar, não é por isso que precisa julgar-se incapaz. Errar é próprio do ser humano – diz o sábio axioma. Erro é lição. Belo aprendizado. Se errou, corrija. Simples. A criança cai várias vezes até aprender a caminhar. Já viu algum adolescente, ou adulto, continuar a pedir ajuda para caminhar, como acontecia nos primeiros meses de vida? Você age assim quando se torna dependente por ter errado alguma vez. Caiu, levante-se. Eu errei um monte de vezes, mas nem por isso aceito perder minha independência e liberdade. São dons inalienáveis.

Se você é adolescente, dirá que é dependente dos pais. Estou sugerindo a independência psicológica, que segue livremente as regras normais da família. Preocupante é a pessoa morbidamente submissa, aquela que não tem iniciativa nenhuma, que come pelas mãos dos outros, que não sabe dizer não nem sim, que sofre agressões e diz amém. Se você for assim, peça a Deus luz e força e saia agora mesmo dessa escravidão mental e física.

Quando a vida dá errado

As coisas podem estar dando errado quando você se vê a braços com pesada carga de complexos de culpa, obrigações descabidas, submissão indevida e medo de assumir sua liberdade.

Tudo complica quando você é inseguro e frustrado, porque, neste caso, prefere aguentar a situação, ao invés de arriscar a vida por conta própria.

A vida dará errado se você nunca aprende nada. A ignorância é a mãe de todos os males.

Com certeza, sua vida vai a nocaute se você é negativo, pessimista e negligente.

Também dará errado se você estiver dominado por obsessões, fixações, medos paralisantes.

Mas, continuo a lhe afirmar que tudo tem solução. E a boa notícia é que a solução está dentro de si. Assim como toda derrota vem de dentro, toda a vitória também vem de dentro.

A melhor coisa que pode fazer, inicialmente, é descobrir por si, ou com a ajuda de psicólogo ou psicanalista, a causa dos seus fracassos. Não seja daqueles que acham que sabem tudo e que não precisam de orientação de ninguém. Há, inclusive, aqueles que apregoam alto e bom som: "Não me dê conselho, eu sei errar sozinho".

Conhecimento é como horizonte: quanto mais a gente dele se aproxima, mais distante se torna.

Nada melhor do que a humildade como ponto de partida. A humildade e a singeleza permitem que você vá mais a fundo na análise da situação pessoal. Desse aprofundamento, surgirá a força da autossuperação e brotarão recursos para enfrentar o problema e vencê-lo. Com o auxílio de pessoa especializada, tudo se tornará mais fácil.

Peça a Deus força para sobrepujar as dificuldades e luz para encontrar um novo caminho positivo. Não tenha medo, vai dar certo. Confie na Sabedoria Infinita imanente e no Poder Divino que abre o caminho dos seus sonhos.

Drogas – o jeito de dar errado

Um dos grandes problemas atuais, que fazem a vida dar errado, é a droga. Podia-se até fazer uma paródia daquela velha marcha de carnaval: "A droga é um buraco – Onde muitos vão cair – Quem está fora quer entrar – Quem está dentro quer sair".

Não é necessário repisar os efeitos das drogas pesadas. Todos já sabem. Caem nela porque não resistem à tentação do desconhecido e à sedução do prazer. Não raro, a atração da droga é provocada por cantores, bandas e letras de músicas da pesada, que apregoam a droga como grito de liberação, de prazer e de grandeza pessoal. Mas, se você rastreia o que aconteceu com esses pregoeiros, ficará sabendo que uma coisa é blasonar sob o efeito de alucinógenos, outra coisa é a realidade deles. Bon Scott, por exemplo, ex-vocalista do conjunto AC/DC, cantava, em 1979, uma música com a seguinte frase: "Don´t stop me, I´m going down all the way, wow the highway to hell" (Não me impeça... Vou seguir o caminho até o fim, na autoestrada para o inferno). No dia 19 de fevereiro de 1980, Bon Scott foi encontrado morto, asfixiado pelo próprio vômito.

Boa parte da juventude adora bandas de rock e tem por seus componentes e vocalistas verdadeira paixão, vendo-os como deuses no panteão da vida e, não raro, seguindo a filosofia de suas letras. Quando, no entanto, são examinados no seu dia a dia, fica constatado que são deuses de barro. Veja uma pequena lista dos que morreram de overdose de heroína, cocaína e outras drogas: Will Shatter,(31), vocalista e baixista do Flipper; Jesse Ed Davis, (43), guitarrista que trabalhou com The Monkees; Hillel Slovak, (26), guitarrista do Red Hot Chilli Peppers; Vincent Crane, (45), tecladista do Crazy World Of Arthur Brown e do Atomic Rooster;

Andrew Wood, (24), Mother Love Boné; Steve Clark, (31), do Def Leppard; Martin Hannett, (41), produtor do Joy Division, Buzzcocks, U2 e outros; Johnny Thunders, (38), do New York Dolls; Stefanie Sargent, (24), guitarrista do 7 Year Bitch; Rob Graves Ritter, (45), com passagens pelo Thelonius Monster, 45 Grave, e Gun Club; Jonathan Melvoin, tecladista do Smashing Pumpkins; Jeff Porcaro, (38), baterista do Toto e do Steely Dan; Randy Jô Hbbs, (45), baixista do McCoys, Montrose e Johny Winter; kurt Cobain, líder da banda Nirvana; Kristen Pfaff, (24), baixista do Hole; Bob Stinson, (35), do The Remplacements; Shannon Hoon, vocalista do Blind Melon; Keih Ferguson, (50), baixista do Fabulous Thunderbirds; John Dougherty, (36), do Flipper, banda punk americana; Lester Butler, (37), do The Red Devils; James Honeyman Scott, (23), do Preetenders; Bobby Sheehan, (31), do Blues Traveler; Frankie Lymon, (25), vocalista do The Teenagers; Jimi Hendrix, (27); Janis Joplin, (27), considerada a maior cantora branca de Blues da história; Brian Cole, (27), do Associations; Miss Christine, do Gto´s; Billy Murcia, (21), do New York Dolls; Danny Whitten, (29), guitarrista do Crazzi Horse; Gram Parsons, (28), do Birds; Vinnie Taylor, (24), guitarrista do Sha Na Na e do Canned Heat; Pámela Morrison, (27), esposa de Jim Morrisson, do The Doors.

Não é preciso continuar a ladainha. É grande. Sem falar dos artistas que se suicidaram ou morreram de causas não divulgadas. Com isso, não quero colocar nomes no índex da vida, porque, na verdade, eles são vítimas de si mesmos e do ambiente em que viveram. Não sou julgador de ninguém. "Não julgueis" – recomendou Jesus. Apenas desejo que você não os encare como deuses, cuja vida deva ser imitada. Também ensinou o Rabi: "Pelos frutos se conhece a árvore".

A via crucis é conseguir sair da dependência. Mas, tudo é possível àquele que crê na sua força interior. Nas minhas andanças, percebi que o caminho mais fácil e mais frequente de libertação da droga é o espiritual. Tenho visto não poucas pessoas terrivelmente viciadas livrarem-se desse mal frequentando uma religião ou pertencendo a algum grupo religioso de apoio. É a força do sagrado. O poder do mistério. A Luz da mística. A fé no milagre. Se você está nesta situação dramática, experimente esse caminho. Faça sua vida dar certo.

Filosofia de vida

O que acontece quando você rompe a corda na qual está pendurado? O que diria o mundo se você serrasse o galho em que está sentado?

Há atitudes danosas que são percebidas pela lógica mais precária do mundo, mas inúmeras pessoas teimam em dar nó em pingo d'água.

Certos indivíduos ingerem doses descontroladas de drogas, na expectativa de que, dessa vez, dois mais dois não serão quatro. Outros se alimentam de ódios e vinganças, pensando que o veneno que estão tomando vá fazer mal somente ao desafeto.

Se você cria um tigre dentro de si, é certo que o felino devorará seu coração, seu fígado e sua vida. Mas, muitos acreditam em exceção: "Comigo não vai acontecer". Claro que vai acontecer. O universo se rege através de Leis infalíveis. A vida é simples e sábia: "O bem produz o bem, o mal produz o mal". Esta sabedoria já era consagrada pelo grande Mestre, há dois mil anos: "Não se colhem figos de abrolhos, nem se vindimam uvas de espinheiros".

Quem quer ter saúde, viver feliz, cercado de amigas e amigos benfazejos, lembre-se de plantar o que deseja colher. Tão simples.

Se alguém deseja acordar alegre, sem necessitar de pílulas milagrosas, cultive alegria na mente e no coração. Não se colhem uvas de espinheiros.

Como escreveu Samuel Weor, devemos

aprender a pensar com o coração e a sentir com a cabeça.

Use o bom senso em todas as situações, principalmente quando tudo quer fugir de controle. Pare, olhe, pense, escute, acalme o espírito. Dê tempo ao tempo.

Nunca tome decisões sob forte impacto emocional, porque há curto-circuito interno. Ligue a luz da sabedoria, esfrie a cabeça, coloque em causa a primazia de valores, meça as consequências e, principalmente, não deixe de pedir ajuda a pessoas especializadas. Se o seu barco está para naufragar em meio à terrível tempestade, um helicóptero salvará você com a maior facilidade. Pedir ajuda, em muitos casos, é o melhor que pode fazer.

Contam que durante uma visita a um hospital de dementes, Sócrates perguntou ao Diretor qual o critério para definir se um paciente estava curado ou não.

- Bem – diz o Diretor – nós enchemos uma banheira e oferecemos uma colher-de-chá e uma chávena e pedimos para esvaziar a banheira.

- Entendi – diz Sócrates – uma pessoa normal escolhe a chávena, que é maior.

- Não – respondeu o Diretor – uma pessoa normal tira a tampa do ralo.

Provavelmente a história não é real, mas

oferece uma deliciosa lição: há incontáveis pessoas que acham que sabem tudo e não precisam jamais de ajuda.

Do alto de sua empáfia, blasonam:

- Se conselho fosse bom, não seria dado de graça!

Às vezes, até têm carradas de razão, porque certos conselhos mais atrapalham que ajudam. Mas, se você somar o que sabe ao que o outro sabe, ao que muitos sabem e ao que os livros sabem, por certo a capacidade de acerto será muito maior.

Se estiver viajando de carro, em noite tempestuosa, e enxergar um aviso: "Pare! Ponte caída!", será que você continuará correndo como vinha fazendo ou dará atenção ao letreiro? A opção é sua, mas o bom senso o leva a tomar todas as precauções.

No dia a dia, você receberá inúmeros conselhos e sugestões de todo tipo de pessoa. Algumas falam com conhecimento de causa e com ponderação inteligente, outras apenas repassam seus traumas, seus fundamentalismos e seus medos. Ouça com calma, analise, e tome suas próprias decisões, com sabedoria e liberdade.

Tom Cruise, famoso artista cinematográfico, deu entrevista à revista Ícaro, em setembro de 2004. Anotei esta declaração dele: "Encaro a vida de frente, sem medo de fracassar. Para um ator, esse medo é o fim da carreira".

É boa sugestão para você: encare a vida de frente, sem medo de fracassar, até porque fracasso nada mais é que aprendizado.

Você é o ator de sua vida. O medo inibe seu sucesso, progresso e evolução.

Se pretende fazer sua vida dar certo, encare-a de frente.

Pare de bater com a cabeça na parede

Muito se tem falado de que os erros não são erros, mas aprendizados. É verdade. Mas, se você não aprendeu a lição, pode ter certeza de que voltará a dar com a cabeça na parede. E se, ainda assim, não mudou, novamente estará machucando a testa no muro da experiência. O sofrimento acontecerá até que você aprenda. Uns levam mais tempo, outros menos, outros não precisam sofrer nenhuma vez. Há os que sabem muito sobre psicologia e filosofia, mas pecam na prática. Também existem os que são especialistas em literatura, mas, no que tange à vida a dois, vivem dando cabeçadas. A vida é a escola essencial.

Conheci um senhor que avalizou para seu

amigo, incorrendo em grande prejuízo, pela desonestidade daquele a quem ajudou.

Bondade não é deixar de ser precavido. Lobos em pele de ovelha há aos montes por aí.

Não leve a vida demasiadamente a sério

Certo amigo meu primava por levar a vida a sério demais. Tudo tinha que ser de acordo com padrões rigorosos. Era severo consigo e com a esposa. Nada passava em brancas nuvens. Não aceitava nenhum desvio da moral e da religião que aprendera. Tolerância zero. Todo mundo tinha que ser anjo. Mas, será que anjo leva a vida tão a sério? No outro dia, estava assistindo a uma entrevista do Papa Bento XVI e, lá pelas tantas, ao falar da alegria e do riso, ele disse, sorridente: "Dizem que os anjos voam porque são leves, mas são leves porque não levam a vida muito a sério". Mais ou menos, foi isso o que ele falou.

Se você leva tudo a ponta de faca – como diz o gaúcho – viverá acometido de achaques. Se guardar mágoas, ódios, frustrações e desenganos, seus ombros terão de suportar enorme carga desnecessária.

A vida tem o peso que cada um lhe atribui.

Pessoas perfeccionistas, exigentes, intolerantes, cobradoras, duronas, carregarão irritações o tempo todo. É atitude estressante. Estresse é matéria-prima do enfarte. Esse estilo de vida, portanto, desemboca na doença.

Pessoa perfeita e casamento perfeito e filho perfeito e marido e esposa perfeitos – não existem. Então, esqueça.

Viva e deixe os outros viverem, eis um lema genial. Trate o outro como quer ser tratado. Seja condescendente com seus próprios erros e com os erros dos outros.

Se você nada mais faz que condenar o erro, está condenando uma forma importante de aprendizado.

Analise profundamente uma pessoa severa, rígida, incapaz de perdoar e esquecer, e notará que está diante de alguém inseguro, dependente e medroso. São esses que costumam fazer uma tempestade em copo de água.

Charles-Maurice de Talleyrand, (1734-1838), político francês da época da Revolução Francesa, Ministro das Relações Exteriores de Luís XVIII, disse: "Tudo que é exagerado é insignificante".

Não dê tiro de canhão para matar mosca.

A terapia do perdão

Só há uma maneira de você se sentir bem, feliz, saudável e bem-humorado: cuidando apenas de si e permitindo que o outro cuide dele mesmo.

Faça exercícios de perdão. Deixe o julgamento para Deus.

Quando você achar que foi ultrajado, saiba que, na verdade, não foi ultrajado, apenas o foram suas crenças. Pense nisso e terá mais facilidade de perdoar os erros dos outros.

Perdoar é mandar embora o mal da sua mente. É ato interno seu. Se depende apenas de você, significa que não é nada difícil perdoar. E as vantagens são imensas para sua vida, para sua mente, para seu coração e para seu corpo.

Perdoar não é rendição, mas ato de sabedoria.

Para que sua vida sempre dê certo, é inevitável cultivar a sabedoria do perdão.

Emocionante exemplo de perdão

Não faz muito, passaram-me, via Internet, esse fato impressionante, que ocorreu, ou teria ocorrido, entre os famosos tenores Plácido Domingo e José Carreras. Vou transcrevê-lo como o recebi:

"Mesmo quem nunca visitou a Espanha,

conhece a rivalidade existente entre catalães e madrilenhos, dado que os catalães lutam pela autonomia, numa Espanha dominada por Madrid.

Pois bem... Plácido Domingo é madrilenho e José Carreras é catalão. Devido a questões políticas, em 1984, Carreras e Domingo tornaram-se inimigos.

Sempre muito solicitados em todo o mundo, ambos faziam questão de exigir, nos seus contratos, que só atuariam em determinado espetáculo se o adversário não fosse convidado.

Em 1987, apareceu a Carreras um inimigo muito mais implacável que o seu rival, Plácido Domingo. Foi surpreendido por um diagnóstico terrível: Leucemia!

A sua luta contra o câncer foi muito difícil, tendo-se submetido a diversos tratamentos, a um transplante de medula óssea, além de transfusão de sangue, que o obrigava a viajar mensalmente aos Estados Unidos.

Nestas circunstâncias, não podia trabalhar e, apesar de ser dono de uma fortuna razoável, os elevadíssimos custos das viagens e dos tratamentos, dilapidaram as suas finanças. Quando não tinha mais condições financeiras, teve conhecimento da existência de uma fundação em Madrid, cuja finalidade era apoiar o tratamento de doentes com leucemia. Graças ao apoio da fundação "Formosa",

Carreras venceu a doença e tornou a cantar. Voltou a receber os altos cachês, que merecia, e resolveu associar-se à fundação. Foi ao ler os seus estatutos, que descobriu que o seu fundador, maior colaborador e Presidente da fundação, era Plácido Domingo. Depressa soube que Domingo tinha criado a fundação para ajudá-lo e que se tinha mantido no anonimato para que ele não se sentisse humilhado ao aceitar o auxílio do seu "inimigo". Mas, o mais comovente, foi o encontro de ambos. Surpreendendo Plácido Domingo num dos seus concertos em Madrid, Carreras interrompeu a atuação deste, subindo ao palco e, humildemente, ajoelhou-se a seus pés, pediu-lhe desculpas e agradeceu-lhe publicamente. Plácido ajudou-o a levantar-se e, com um forte abraço, selaram o início de uma grande e bela amizade.

Mais tarde, uma jornalista perguntou a Plácido Domingo, porque criara a fundação "Formosa", num gesto que, além de ajudar um "inimigo", ajudava também o único artista que poderia fazer-lhe concorrência.

A sua resposta foi curta e definitiva:

"Porque uma voz como aquela não poderia perder-se".

Esta é uma história real da nobreza humana e deveria servir-nos de inspiração e exemplo".

Levante o mundo

Johann Wolfgang Von Goethe, (1749-1832), escritor, cientista e filósofo alemão, escreveu: "Escolhe teu ponto de apoio e levanta o mundo".

Se você entendeu o que disse o pensador alemão, chegou à conclusão de que tudo é possível, desde que exista um ponto de apoio. É a lei da alavanca, descoberta por Arquimedes, (287-212 ac), matemático grego. Por sinal, constava-me que, muito antes de Goethe, Arquimedes já havia dito: "Dai-me um ponto de apoio e levantarei o mundo".

O seu ponto de apoio é, com certeza, a fé. Jesus revelou que a fé tem o poder de mover montanhas.

Por pior que seja o peso, você pode erguê-lo, desde que haja ponto de apoio correspondente.

Por mais alto que sejam seus sonhos, você pode levá-los à realidade.

A sua alavanca é sua fé.

Seja positivo

A sua vida é resultado dos seus pensamentos. Muita gente me diz que lê meus livros, tira muito proveito deles, mas tem dificuldade de pensar positivamente.

Tudo é questão de hábito. De tanto ouvir notícias, ideias, crenças e opiniões negativas e pessimistas, algumas pessoas acabam por aceitá-las como verdades. Desde então, esse será o paradigma existencial. O indivíduo que assimilou crenças negativas de vida, entra em choque quando lê livros ou ouve palestras sobre a força do pensamento positivo. Vê-se diante de duas correntes contraditórias e hesita. Como, porém, sabe que somos resultado de crenças aceitas mentalmente, saberá também que a mudança de crença provocará mudança de vida. Quem não quer mudar para melhor?

Aqui entra a determinação.

Diga mentalmente a sua nova verdade positiva e, com a mesma força com que gravou as crenças negativas, sua mente reagirá, adotando esses novos parâmetros. Simples. Um hábito se forma e substitui outro pela repetição e insistência.

É tão fácil pensar positivamente quanto negativamente. Escolha a visão positiva da vida e assim será.

Diante de meio copo de água, o negativo dirá que o copo está meio vazio e o positivo afirmará que o copo está meio cheio. Mas, a quantidade de água é a mesma. A mentalidade é que difere.

Atitudes, crenças e pensamentos negativos

amargam a vida, desagradam os interlocutores, geram estresse e enfraquecem o sistema imunológico.

O hábito de pensar, falar e agir positivamente produz resultados benéficos, irradia energia boa para as outras pessoas e fortalece o sistema de defesas.

Por todas as razões, vale a pena criar método positivo de vida. Se assim você agir, sua vida dará certo.

Seja otimista

Um estudo holandês, realizado durante quinze anos, desde 1985, com 545 homens entre 64 e 84 anos de idade, sobre os efeitos do otimismo no coração, acusou que houve 55 % menos mortalidade por doenças cardiovasculares ou AVC entre os otimistas. Os investigadores informaram que os otimistas tendem a exercitar-se mais e a cuidar melhor da saúde. (Revista Performance, fev. 2006).

Os efeitos benéficos do otimismo vão muito além dessas pesquisas: a vida é vista como caminhada benfazeja e abençoada; a mente se torna mais aberta, alegre e confiante; o coração é tomado de vibrações felizes; o corpo mantém o vigor da juventude, funciona mais saudavelmente, com o sistema imunológico fortalecido; a convivência entre otimistas é agradável e os negócios normalmente alcançam sucesso.

Faça sua vida dar certo cultivando otimismo.

Suas crenças fazem sua vida

Quer saber quais são suas crenças mais arraigadas?

Basta prestar atenção às ideias que mais repete, às opiniões que mais divulga, às histórias que mais conta, às palavras que mais profere.

Suas crenças são suas verdades. Cada um tem suas crenças pessoais. Exigir que todos adotem as crenças que você tem é fundamentalismo. Respeite as crenças dos outros e os outros respeitarão as suas.

O escritor americano Anthony Robbins, autor de livros de neurolinguística e autoajuda, afirmou: "Não são os eventos de nossas vidas que nos formam, mas, sim, as crenças sobre os significados desses eventos".

William James, (1842-1910), foi apreciado e influente psicólogo norte-americano. O conteúdo mais relevante de suas ideias está fundamentado no estudo das crenças. Por certo, você gostaria de saber quando uma crença é sadia e verdadeira. Segundo William James, "uma ideia é verdadeira enquanto a crença nela é proveitosa para nossa vida. Uma crença é verdadeira quando seus efeitos são bons".

Há uma frase que costumo repetir: "Tudo que faz bem é bom".

Jesus avisava que pelos frutos se conhece a árvore. Analise seu comportamento, sua performance, suas atitudes, sua situação, sua saúde, seu astral, seus relacionamentos, e saberá que tipo de crenças alimentam sua vida. Pelos frutos fica fácil reconhecer se a árvore é boa ou não.

Tenha seus princípios positivos, sadios e benéficos, mas aceite os outros como são. O confucionismo ensina que "o sábio vive em paz com todos os homens, sem, no entanto, agir como eles; o sábio ama todos os homens e não tem parcialidade com ninguém".

Viver é caminho individual

Não espere pelos outros. Não dependa de ninguém. A grande verdade é que viver é caminho individual. Ninguém poderá viver por você. Ninguém conseguirá ser feliz por você. Ninguém tem o poder de se alimentar por você. A vida é individual. A morte é individual. A salvação é individual.

Se você assimilar essa verdade, não perderá tempo com queixumes, reclamações e ressentimentos. Vá e faça.

O seu caminho é *seu* caminho. *Seu* e de mais ninguém. Percorra-o com ânimo, determinação, fé, entusiasmo e alegria. Se decididamente avançar pelo seu caminho, sua vida dará certo. Na escalada do Pico do Marumbi, quando acertamos a trilha, chegamos ao topo. Assim é a vida.

Não olhe para trás

Quem olha para trás vira estátua de sal, como aconteceu com a mulher de Lot. Estátua de sal se esboroa com a chuva, com o sol, com qualquer pancada.

Confúcio, (551-479 ac), foi muito reverenciado na China como mestre, filósofo e político. Sua doutrina, o confucionismo, teve grande influência em toda Ásia oriental. Disse ele: "Que nos façam mal ou nos roubem, não é nada, a não ser que continuemos a lembrar do que aconteceu".

O filósofo dinamarquês Soren Kierkegaard, tido como um dos fundadores da filosofia existencialista, escreveu que "a vida só pode ser compreendida olhando-se para trás, mas só pode ser vivida, olhando-se para frente". O que interessa é viver a vida.

Todo seu passado há de formar um cabedal

positivo de conhecimentos. Para muitos, no entanto, o passado negativo e doloroso é revivido no presente e isto causa medos, dissabores, traumas, pânico, neuroses e até psicoses.

O escritor Kenneth Achincloss escreveu, num artigo publicado em Newsweek: "Uma coisa é aprender com o passado; outra coisa é chafurdar nele".

Qualquer atitude negativa, qualquer reação esquizofrênica, qualquer comportamento neurótico, qualquer mania, seja de perseguição ou desconfiança ou medo, ocorre porque você se fixou em algo do passado. Feche a porta do passado, para não virar estátua de sal. Queime o passado negativo na praça pública da sua mente. Lave as mãos e saia limpo e leve para fazer a vida de hoje. O hoje espera você de braços abertos.

Faça assim e os males desaparecerão e sua vida começará a dar certo.

Mas, atenção, não é lutando contra o passado que você o derrotará, mas o abandonando. Quanto mais você luta, mais o reforça. Abandonar o passado é livrá-lo de si, com a naturalidade de quem toma um banho. Desfaça-se dele como quando joga o lixo fora. Sem ansiedade, sem inquietação, sem usar força de espécie alguma.

Sempre que o passado apontar na soleira da sua casa interior, simplesmente vire as costas e pense noutra coisa ou faça outra coisa.

O segredo do sorriso

Se você quer que sua vida dê certo, eis uma receita simples e milagrosa: sorria.

Leon Tolstoi, (1828-1910), um dos grandes da literatura russa, escreveu: "Parece-me que o sorriso, e só ele, faz aquilo que chamamos a beleza do rosto".

Realmente, sorriso é luz que torna o rosto belo e enluarado.

Sorriso é energia que faz a juventude do corpo.

Sorriso é ímã que atrai pessoas.

Sorriso é remédio divino contra depressão e estresse.

Sorriso é elixir da sedução, que derrama brilho nos olhos dos que se encontram.

Sorriso é sol que rasga as nuvens cinzentas da vida e desfaz as sombras da solidão.

Sorriso é a oração divina colocada por Deus nos lábios do ser humano.

Sorriso é o selo do perdão e da paz de espírito.

Sorriso é o inconfundível convite ao bom entendimento.

Sorriso é o elo doirado que une as pessoas.

Sorriso é a borracha dos deuses que apaga mágoas e hostilidades.

Sorriso é primavera florida e perfumada no coração humano.

Sorriso é lenitivo na dor e analgésico do coração sofrido.

Sorriso é a criança dentro de nós que brinca de querer bem.

Sorriso, enfim, é a primeira regra de quem busca o sucesso.

Você foi feito para dar certo

Seja qual for sua vida atual, se está no topo do sucesso ou no fundo do poço, é preciso reconhecer que você foi feito para dar certo.

Um carro Mercedes, ou Rolls-royce, pode sair da fábrica com defeito. O que os homens fabricam, pode dar errado. O que Deus faz é perfeito. Conclusão: você foi feito para dar certo. Isso não significa que não possa dar errado.

A sabedoria, a liberdade, o poder e a felicidade são imanentes em você e formam a estrutura divina para dar certo. Mas você pode dar errado. Pode, você é livre. Como dizia meu avô, você pode teimar em plantar couve de pernas para o ar. Vai dar errado, mas você pode agir assim. E o que é pior: pode até pensar que está certo.

Hoje mesmo estava lendo uma entrevista concedida pelo escritor moçambicano Mia Couto à revista "SUPER interessante" e o entrevistado contou que os africanos costumam transmitir suas ideias através de provérbios, historietas e lendas.

Certa vez – contou Mia - chegou um candidato político, desconhecido em Maputo, e reuniu o povo, prometendo estradas, hospitais, escolas, mundos e fundos. Ao final, perguntou se alguém queria falar. Um velho levantou a voz:

- Isso é parecido com a história do macaco e do rio.

O candidato se interessou em conhecer a história.

- Certa vez – começou o ancião – um macaco passeava na beira do rio e viu um peixe nadando com dificuldade à flor da água. O macaco ficou com pena, entrou na água e pegou o peixe carinhosamente. Levou-o para fora desejoso de salvar o peixe. O bichinho pulava, se estrebuchava, e o macaco muito satisfeito, achando que o peixe saltava de alegria. Mas o peixe acabou morrendo.

- Coitado – disse o macaco – se eu tivesse chagado antes este peixinho não teria morrido.

Aplicando a lição, quantas vezes você

pensa estar agindo certo, mas o peixe acaba morrendo! Não é que o certo tenha dado errado, foi o errado que deu errado. Você pode xingar Deus e todo mundo porque seu peixe, apesar dos esforços, morreu. Mas, morreu porque você agiu contra as Leis que regem a vida. Infelizmente, nem sempre você percebe que agiu errado, daí a revolta, a mágoa, o desânimo.

De qualquer forma, aconteça o que acontecer, você foi feito para dar certo. Essa é a grande consolação. Meta-se na aventura de descobrir o erro e a lição servirá para sempre.

Pare, olhe, escute e pense. A sabedoria vai iluminá-lo. Você foi feito para dar certo.

Reconheça essa verdade e jogue fora as cargas negativas que barram seu caminho.

Na escalada do Marumbi, nós erramos a trilha. Mas a trilha certa existia. É isso que quero dizer: a trilha para sua vida dar certo existe.

Revolução empresarial

Você está empregado? Desempregado? É empresário? Funcionário público? Profissional liberal? Político? Do Judiciário? Do executivo? Comerciante? Tem micro, média ou grande empresa?

Seja qual for sua atividade, você é o eixo sobre o qual funcionará sua atividade. Você não é uma máquina, uma moeda, uma ferramenta, um número e nem uma etiqueta. É criatura humana. Esteja onde estiver, jamais abdique de ser pessoa. Você é o princípio, o meio e o fim de tudo. Não estou dizendo que satisfaça o seu ego e o resto se dane. Quero dizer que, como ser humano, antes e acima de qualquer coisa, deve ser e agir como ser humano. Se você não estiver de acordo e em harmonia com sua essência, sua vida dará errado. E não é isso que está pretendendo, por certo.

- Qual é a essência do ser humano? – perguntará você.

A essência humana é a felicidade. Já falei sobre isso. ***Ser feliz é sentir-se bem consigo mesmo, com a humanidade, com o universo e com Deus.***

O eixo da felicidade sobre o qual você estará centrado é a harmonia sua consigo mesmo – espírito, mente, coração e corpo – e com tudo que faz a sua própria expansão natural: humanidade, universo e Deus.

Qualquer atividade fora desse eixo dará errado. Nem queira teimar. Lembre-se que essa é a Lei número um da vida, do relacionamento e dos negócios.

Os que começam priorizando o dinheiro e colocando-o acima de tudo, acabarão virando estátua de sal; derreter-se-ão em frustrações, fracassos, irritações, estresses e depressão.

Dinheiro não tem alma, nem amor, nem sensibilidade, nem felicidade; também não abraça, não beija, não faz carinho.

Sem dúvida, dinheiro é importante, imprescindível, faz um bem enorme. Mas, não o coloque acima de tudo. Adorar bezerro de ouro é idolatria e idiotice.

Primeiro você, a humanidade, o universo e Deus; depois, bem-vindos o dinheiro, a mansão, os negócios, a indústria, o emprego, a vida pública, o carro, as viagens e o que mais desejar.

A economia mundial vai bem, mas a humanidade vai mal justamente porque inverte essas regras.

Bem aclarada essa verdade, fica evidente que, nos seus negócios, o ponto mais importante chama-se cliente, porque, no bojo dessa palavra, está um ser humano, como você, imagem e semelhança divina, irmão seu de planeta. Mais do que isso, ele é parte de você, quer dizer, o bem ou o mal que fizer a uma pessoa, é a si mesmo que o faz. Isto já preconizaram reiteradamente vários sábios.

O Mestre ensinou: "Não faça ao outro o que

não quer que o outro faça a você".

Confúcio (551- 479 ac), sábio, fundador do confucionismo, tem como máxima de seus ensinamentos a mesma regra de Jesus: "Não faças a outrem aquilo que não queres que façam a ti".

Houve, ao longo do tempo, diversas estratégias para lucrar nos negócios e progredir. Por exemplo: situar a loja em ponto central; contratar vendedores de boa capacidade de convencimento; ter preços mais baratos; oferecer produtos de qualidade; sofisticar o ambiente da loja; aumentar o número de prestações. Mas, à medida que a metodologia foi se aprofundando, chegou-se a quem é a razão de qualquer negócio: o cliente: "Atenda bem o cliente", "trate bem o cliente", "encante o cliente". Como todos os empresários passaram a adotar essa tática, os gurus acrescentaram mais um ponto: "Não só encante o cliente, mas também busque o sucesso dele". Ao contrário de antigamente, em que a empresa nada mais tinha a ver com o comprador a partir do momento em que a mercadoria saía da loja, hoje empresários atualizados acompanham os primeiros passos do comprador, dispondo-se a ajudá-lo a alcançar os objetivos que o levaram à compra daquele produto, daquela máquina.

Como há muitas empresas que vendem a

mesma coisa, com a mesma qualidade e as mesmas condições de preço, quanto melhor o atendimento, melhor fideliza o cliente que, agora, já não é mais apenas cliente, mas amigo. Sendo tratado como amigo, este tem certeza de que sempre será bem e corretamente servido.

Depois de muitas voltas, os marqueteiros chegaram ao ponto de partida: o comprador é um ser humano, seu irmão, e como tal deve ser tratado. Não adianta pensar diferente, porque o cliente é a razão de ser da empresa. Não existindo o comprador, a empresa não existirá. Os empresários inteligentes sabem que ele é mais importante que os funcionários, que os gerentes e até mesmo que o dono do negócio. O cliente é o tesouro. Assim considerado, voltará sempre a comprar no seu estabelecimento.

O cliente dos governantes

É o caso de se perguntar: Quando é que os políticos e os governantes chegarão ao estágio acima assinalado?

Executivos governamentais têm clientes ou são máquinas acionando a máquina estatal? Estão eles a serviço de quê e de quem?

É indiscutível que o cliente dos Governos é o cidadão. A razão de ser dos Governos é o cidadão e não o Banco Central, os Cofres Públicos, a Receita Federal, a dívida interna e externa, os impostos.

Assim como a empresa moderna trata o cliente como amigo e busca o seu sucesso, da mesma maneira deve o Executivo, com seus ministros e assessores, tratar cada habitante de sua área de atuação. Na verdade, mais do que amigo, o cidadão é um irmão. Um irmão, que merece toda a atenção e respeito.

Tratar mal o cidadão, espoliá-lo, fazê-lo sofrer em filas, mandar voltar várias vezes com novas exigências, algumas descabidas, não cumprir promessas, enganá-lo nas eleições - é continuar na contramão da história e da evolução. Atitude desumana.

A prática da corrupção e dos desfalques é crime que brada aos céus. Desviar verbas destinadas ao social, à saúde, aos hospitais, à educação, à promoção de vida melhor para o povo, é fratricídio. Fratricídio significa matar o irmão.

Que dizer dessa maldade de arrancar o dinheiro sofrido do cidadão, através de impostos diretos, indiretos e ocultos, que agridem como garras de leão? Que comentários fazer dessas numerosas e sempre aumentadas taxas, tarifas, encargos, pardais, que mais engordam as contas públicas do que favorecem o povo?

É de urgência urgentíssima que executivos, deputados, senadores, vereadores, descubram que estão a serviço do ser humano e não de si mesmos e de seus apadrinhados e partidos.

O planeta é nossa casa

É necessário que a humanidade saiba que nós, criaturas que vivemos em qualquer pedaço de mundo, somos irmãos e que este planeta é nossa casa comum.

Por que ódios? Por que a supremacia da lei da força e do poder? Do maior que engole o menor? Por que as mesas de conversação não são redondas de verdade, de tal forma que todos sintam a alegria da igualdade?

Quando acabará a ignorância de imaginar que o estrangeiro, o adepto de outra crença, a vítima de violências, o assaltado, o miserável, o idoso, o abandonado, não é meu irmão?

Quando os detentores de poder e de força perceberão que o indivíduo é parte essencial deles mesmos e que destruir ou enganar o outro é destruírem-se a si mesmos?

Há pessoas cultas que ainda não sabem que se colhe literalmente o que se semeia e que desprezam a sabedoria que avisa:"Aqui se faz, aqui se paga".

Eu não canso de insistir que o descaminho nunca leva ao caminho.

Para fazer a vida dar certo é essencial a compreensão das Leis Universais que regem a vida e as relações humanas.

Além de Jesus e Confúcio, que pedem para você tratar o outro como quer ser tratado, agora também todos os naipes mundiais da economia recomendam a mesma coisa: ***focar o resultado é focar o cliente.***

Não confundir ética com moral

Cabe aqui indagar sobre ética.

Muitos confundem ética com moral e, como a moral muda com a mudança de hábitos e costumes, pensam que a ética também vai no mesmo roldão.

Moral depende do lugar, do tempo, da religião, das tradições, das crenças. Ética, não. Esta tem a ver com os princípios imutáveis da vida. Colocar ambas no mesmo saco é misturar alhos com bugalhos. Desvaloriza tanto uma quanto outra. Exemplo: imoral, no tempo de Jesus, era emprestar dinheiro cobrando juros; falta de ética é não devolver ao outro o que a ele pertence.

O fio de bigode

Em tempos de antanho, os negócios entre gaúchos eram sacramentados pelo fio de bigode. O compromisso era selado por fio de bigode, nada mais. O gaúcho arrancava um fio do seu bigode e sobre ele juramentava cumprir o contrato verbal. No fio de bigode estava sua honradez, sua dignidade, sua palavra.

Hoje, a coisa mais natural é ver o candidato a cargo político prometer ao povo mundos e fundos, céus e terras, ser eleito em razão de suas promessas e não cumprir coisa nenhuma. Enganou os cidadãos, elegeu-se e segue circulando pelo país com a maior cara-de-pau, como um homem probo, digno, confiável, protetor das gentes. Se um cidadão qualquer mente para o fisco, para a receita, para qualquer órgão público, é condenado, multado, escalpelado e mandado às urtigas, sem dó nem piedade. O candidato promete, é eleito por causa das promessas alvissareiras, não cumpre, e nada acontece. Nos palanques e na televisão, acontece a dança dos dez milhões de empregos, 15 milhões de moradias, juros mais baixos, nenhuma elevação de impostos, diminuição de pardais, 5 mil hospitais, remédios populares e gratuitos para os necessitados, aposentadoria com salários dignos de sobrevivência e tudo o mais que a criatividade marqueteira inventa. Milhões de pessoas acreditam no decoro, honradez e honestidade do candidato. É eleito, não cumpre. Já sabia que não ia cumprir, mas precisava jogar isca para atrair votos. Uma vez no poder, a história é outra. E como fica esse povo todo, que acreditou nas palavras do orador? Falsidade ideológica? Crime contra o povo? Que dê o procon-cidadão? E o judiciário? E os Procuradores da República? Peço a Deus que não seja necessário lembrar Rui Barbosa (1849-1923):

"De tanto ver triunfar as nulidades;
de tanto ver prosperar a desonra,
de tanto ver crescer a injustiça,
de tanto ver agigantarem-se os poderes nas
mãos dos maus,
o homem chega a desanimar-se da virtude,
a rir-se da honra e a ter vergonha de ser honesto".

Permito-me discordar dessa inteligência monumental. Jamais desanimaremos de acreditar na honestidade, no idealismo, no espírito justo e fraterno, na sabedoria transcendental do ser humano. O mal nunca será regra geral, até porque amor, justiça e paz não são descartáveis da alma, apenas podem ser sufocados.

Gosto de ser prático, porque criticar sem apontar soluções, pouco ou nada acrescenta. A fórmula para evitar a falsidade ideológica é muito simples: determinar, por legislação, que todo candidato a cargo executivo governamental seja obrigado a publicar em livro suas promessas; ou registrá-las em cartório. Se não existe o fio de bigode, que exista a Lei. Caso o eleito não comece a cumprir suas promessas desde o início do mandato e se, na metade do período de governo, não tiver executado determinado montante das mesmas – seja demitido. Impeachment. Falsidade ideológica. Afinal, somos ou não somos os patrões dos governantes?

A vida da empresa é o cliente

Voltando ao sucesso da sua empresa, tenha como foco a pessoa, suas necessidades e sonhos. Não vai dar certo vender picolé para esquimó.

Mas, você tem em mira um emprego? Neste caso, veja o que gosta de fazer, no que se especializou, e trate de continuar buscando sempre o melhor para si e para a empresa. Antes de pensar em remuneração, leve em consideração o seu desempenho, o seu rendimento, a sua produtividade, a sua capacidade, o seu caráter, o seu espírito solidário, o seu positivismo. Seu valor é proporcional à soma desses valores pessoais.

Empresário é um ser espiritual

O empresário do terceiro milênio descobriu que a correria, a competição, as crises, as dívidas, a instabilidade dos negócios, as mudanças das regras do jogo, a ferocidade do leão, podem gerar estresse e depressão, com seus ingredientes de tristeza, cansaço e vazio existencial.

Está desaparecendo aquele empresário cheio de si, ateu, avesso à oração e a qualquer sentimento de piedade. Muitos não frequentam igreja, mas quase todos dão importância à espiritualidade. Perceberam que esta acalma a mente, traz paz de espírito, é fonte de esperança, dá elevado sentido à vida e alimenta os estados de alegria. Ao invocarem um Ser Superior, sentem-se mais seguros nas dificuldades do dia a dia. Também se deram conta de que a oração elimina o estresse, pois enxuga a adrenalina e leva o cérebro a segregar endorfina e até mesmo oxitocina, hormônios do bem-estar. Descobriram, ainda, que os estados espirituais positivos e confiantes são antídoto contra a depressão.

A espiritualidade não necessita de argumentos teológicos, ou filosóficos, ou científicos, que provem a existência de Deus. Simplesmente abre os olhos do coração e vê o Pai Celestial na beleza da flor, no encanto das borboletas, na serenidade dos lagos, no borbulhar dos riachos, na candura e alegria das aves, na esbelteza dos animais, na pompa das montanhas, na grandeza dos oceanos. Ele contempla a natureza e pela natureza chega a Deus, sem nenhum tropeço filosófico.

O empresário vem descobrindo que, mesmo em meio aos milhões de dólares, poderá sofrer um vazio insuportável, assim como também está discernindo que, quando iluminado interiormente, até seus bens materiais são fonte de prazer e bem-estar.

Eis o jeito de fazer a vida dar certo.

Ao pé do ouvido

Venha cá, mais pertinho, que vou dar-lhe umas ideias, quem sabe de boa utilidade:

1 – Nunca deixe de ser você, consciente de sua dimensão infinita, originário do Supremo Amor. Se você guardar essa verdade, jamais alguém poderá diminuir sua grandeza.

2 – Tenha a certeza de que foi feito para grandes coisas, pois é filho de Deus, portador de Poder e Sabedoria divina.

3 – Comece com os pés-no-chão, mas os olhos voltados para as águias, que essas não usam escadas.

4 – Antes de tudo, ame-se a si mesmo, já que ninguém conseguirá amar mais você do que você se ama.

5 – Quando se sentir vazio e desanimado, visite os recônditos do seu coração e, para sua surpresa e alegria, descobrirá um mundo de amor, felicidade, alegrias, ideais, paz de espírito, fé e entusiasmo. São qualidades existentes em todo ser humano, independente da situação emocional.

6 – De vez em quando, desfaça-se das coisas que não lhe servem mais ou que lhe trouxeram cargas negativas. Esvazie o baú das roupas que já não usa, das coisas estragadas, dos objetos cuja história nada mais significa, das panelas furadas, dos tapetes corroídos, das poltronas rasgadas, dos quadros deteriorados. Ao limpar a casa, estará limpando sua alma. O vazio atrairá coisas novas.

7 – À noite, se não puder pedir a Deus que trate você amanhã como tratou hoje seus semelhantes, peça perdão e se disponha a melhorar, sem traumas e sem ansiedade.

8 – Viva intensamente este momento, pois é nele que se situa a sua vida.

9 – Quando sua viagem existencial sofrer turbulência e a escuridão obscurecer sua visibilidade, lembre-se que Ele está junto de você e quer que o chame, pois Pai é para essas coisas.

10 – Aceite que você está onde deveria estar, segundo a ordem cósmica do Criador. É aqui que você cumpre seu destino e plenifica sua vida.

Agora levante os olhos

Rajneesh, o filósofo indiano que já citei, diz, numa de suas conferências, que o ser humano nasce de mãos fechadas e morre com as mãos abertas. Nunca tive oportunidade de observar. Mas, colho, dessa declaração, uma lição de profundo significado. A criatura humana nasce de mãos fechadas porque vem trazendo consigo sua missão planetária. Morre de mãos abertas porque a missão fica aqui, nada há que levar de volta.

Por que, então, você se preocupa tanto com as coisas? Ser feliz e irradiar felicidade é o que importa. Não se agarre demasiado à matéria, pois ela é pesada e poderá fazer você afundar. Viva numa mansão, se quiser; tenha um império, se for da sua bitola; seja presidente da república, se desejar esse sonho; colha os aplausos da plateia, se assim aspirar – mas deixe tudo isso fora de si. Por dentro, seja leve, simples, cristalino, esportivo, radiante, caso contrário sofrerá quando tiver que abrir as mãos para deixar tudo, na hora da viagem rumo ao infinito.

Catarina de Sena, doutora da Igreja, (1347-1380), canonizada em 1461, disse: “Atravessa a ponte, mas não fixes nela tua morada”.

Não há razão para alimentar conflitos, carregar mágoas, brandir a espada do fanatismo, detestar quem pensa diferente, ser sarcástico e agressivo com quem torce por outro time. Você partirá com as mãos abertas, sem levar coisa alguma. Naquela hora, nada disso terá sentido.

Pense que, naquele dia, terá que abrir as mãos e se desfazer da raiva enrustida contra ex-namorado, do ressentimento contra ex-marido, ex-esposa, ex-sócio, ex-caloteiro, ex-qualquer coisa. Tenha bom senso, desfaça-se agora e, assim, poderá desfrutar de saúde, felicidade e paz, pelo resto do tempo que lhe sobra.

Olhe através do foco dos veículos de comunicação e ficará perplexo com as lutas ferrenhas entre religiões, filosofias, psicologias, sociologias e ideologias. Não deveria haver embate, já que a origem da humanidade e do universo é a mesma. Religião tem definição muito simples: “Deus na vertical e amor na horizontal”. Tão claro, tão verdadeiro. O resto é moldura, que jamais há de carregar opressão, ódios e separações. Se isso acontece, alguma coisa está errada. Essa coisa pode ter o nome de preconceito, primitivismo, ignorância, fundamentalismo, equívoco, neurose. Deus é como o sol, que ilumina a tudo e a todos e cada um recebe a sua Luz, esteja em que parte do mundo estiver. Ninguém é proprietário do sol, que sobre todos brilha indistintamente.

Como eu gostaria que você sentisse essa verdade e fizesse de cada dia uma semeadura de amor, de fraternidade, de alegrias e de paz!

Sim, você chegou trazendo nas mãos fechadas sua mensagem amorosa de vida e partirá de mãos abertas deixando sua contribuição para um mundo cada vez melhor. Seja esta sua realidade e com certeza sua vida dará certo.

Fim

Índice

IMPRESSÃO:

GRÁFICA EDITORA
Pallotti
IMAGEM DE QUALIDADE

Santa Maria - RS - Fone/Fax: (55) 3220.4500
www.pallotti.com.br